COLEÇÃO TEMPERO BRASILEIRO

cozinha baiana

Bahia Cuisine

BRAZILIAN FLAVOR COLLECTION

Cozinha Baiana / Bahia Cuisine
Copyright © Editora Lafonte Ltda., 2018 Todos os direitos reservados.

Nenhuma parte deste livro pode ser reproduzida sob quaisquer
meios existentes sem autorização por escrito dos editores.

Copyright © Editora Lafonte Ltda., 2018 All rights reserved. No part of this book may be reproduced by any means without
the prior written permission of the publishers and rights holders.

Edição brasileira

Direção editorial (Editorial Direction) *Ethel Santaella*
Supervisão editorial (Editorial Supervision) *Renata Armas*
Coordenação editorial (Editorial Coordination) *Dani Borges*
Tradução (Translation) *Celina Vergara*
Revisão português (Portuguese Review) *Fernando Brito*
Revisão inglês (English Review) *Anna Fagundes Martino*
Projeto Gráfico e capa (Layout and cover) *Marina Avila*
Fotos culinárias (Culinary photos) *Keiny Andrade*
Outras imagens (Other images) *AnnyStudio, ESB Professional, ESB Professional, Filipe Frazão, Gustavo Frazão, Jiri Hera, Kytan, Lazyllama, Madlen, Maya Kruchankova, Natalia Klenova, Olga Miltsova, Rocha Ribeiro, SMDSS, Sunny Forest, Vaivirga, Valentyn Volkove / Shutterstock*
Tratamento de imagem (Image processing) *Eduardo Rocha*

Dados Internacionais de Catalogação na Publicação (CIP)
(Câmara Brasileira do Livro, SP, Brasil)

```
Cozinha baiana = Bahia cuisine / coordenação
   (coordination) Dani Borges ; tradução
   (translation) Celina Vergara. -- 1. ed. --
   São Paulo : Lafonte, 2018. -- (Coleção tempo
   brasileiro = Brazilian flavor collection)

   Edição bilíngue: português/inglês.
   ISBN 978-85-8186-264-4

   1. Culinária brasileira - Bahia 2. Gastronomia -
Brasil 3. Receitas culinárias I. Borges, Dani.
II. Título: Bahia cuisine. III. Série. IV. Série:
Bahia flavor collection.

18-12798                          CDD-641.598142
```

Índices para catálogo sistemático:

1. Cozinha baiana : Receitas : Culinária : Economia
   doméstica   641.598142

1ª edição bilíngue: 2018
1st edition, bilingual, 2018

Av. Profa. Ida Kolb, 551 – 3º andar – São Paulo – SP – CEP 02518-000
Tel.: 55 11 3855-2286
atendimento@editoralafonte.com.br • www.editoralafonte.com.br

COORDENAÇÃO (COORDINATION)
DANI BORGES
TRADUÇÃO (TRANSLATION)
CELINA VERGARA

COLEÇÃO TEMPERO BRASILEIRO

cozinha baiana

Bahia Cuisine

BRAZILIAN FLAVOR COLLECTION

1º EDIÇÃO BILÍNGUE
Bilingual 1st Edition
BRASIL 2018

Lafonte

ÍNDICE *Index*

13	**OS SABORES SE ENCONTRAM NA BAHIA** *Coming across flavors in Bahia*
15	**MULHERES DO ACARAJÉ** *Acarajé ladies*
16	**OS PILARES DA COZINHA BAIANA** *The pillars from the Bahia cuisine*
17	**MAR, SERTÃO E MUITO MAIS** *Sea, backlands and much more*
21	**O QUE DÁ O GOSTINHO DA TERRA** *What gives the taste of the land*
25	**COZINHA QUE ESTÁ NO SANGUE** *The cuisine that is in the blood*
26	**CONHEÇA OS CHEFS** *Meet the Chefs*

RECEITAS *Recipes*

Para entrar no ritmo
To get into the rhythm

30	**MOLHO DE "PIMENTA PORRETA"** *"Chili pepper" sauce*
32	**ACARAJÉ** *Acarajé*
35	**ABARÁ** *Abará*
36	**QUEIJO COALHO COM MELAÇO** *Curd cheese with molasses*

culinária baiana   coleção tempero brasileiro

39	**PASTEL DE CARNE-SECA E QUEIJO COALHO** *Jerked beef and curd cheese fried pie*
40	**BOLINHO DE BAIÃO DE DOIS** *Baião-de-dois dumplings*
42	**BOLINHO DE PEIXE** *Fish dumpling*
45	**BOLINHO DE CARNE DE SOL** *Sun-dried salt beef dumpling*
46	**CALDINHO DE PEIXE** *Fish broth*
48	**CALDINHO DE MOCOTÓ** *Mocotó broth*
51	**FEIJÃO DE LEITE** *Milk beans*
52	**CARNE DE SOL COM MANDIOCA** *Sun-dried salt beef with cassava*
54	**CASQUINHA DE SIRI** *Stuffed crab shells*
56	**TORRESMO** *Crackling*
58	**TAPIOCA COM QUEIJO COALHO** *Tapioca with curd cheese*
60	**MOLHO PARA INICIANTES** *Sauce for beginners*
61	**CALDINHO DE FEIJÃO** *Bean soup*

Muito bem Acompanhado
Really well accompanied

64	**CARURU** *Caruru*
66	**FAROFA DE BANANA-DA-TERRA** *Plantain farofa*

68	**FAROFA DE FEIJÃO FRADINHO** *Black-eyed beans farofa*
71	**QUIBEBE** *Quibebe (sautéed pumpkin)*
72	**PURÊ DE AIPIM** *Cassava purée*
75	**INHAME TEMPERADO** *Seasoned yam*
77	**FEIJÃO-DE-CORDA** *Cowpea*
78	**VATAPÁ** *Vatapá*
79	**FAROFA DE DENDÊ** *Palm oil farofa*
79	**PIRÃO** *Pirão*

Pratos para reis e rainhas
Dishes for kings and queens

82	**MOQUECA DE CAMARÃO** *Shrimp moqueca*
85	**MOQUECA DE XARÉU** *Trevally moqueca*
86	**BOBÓ DE CAMARÃO** *Shrimp bobó*
89	**XINXIM DE GALINHA** *Chicken xinxim*
90	**XERÉM COM GALINHA** *Xerém with chicken*
92	**RABADA COM MAXIXE E QUIABO** *Oxtail with gherkin and okra*
94	**ARROZ DE HAUÇÁ** *Hauçá-style rice*

96	**QUIABADA** *Okra hot pot*
98	**DOBRADINHA** *Tripe*
100	**SAPARATEL** *Sarapatel*
102	**MANIÇOBA** *Maniçoba*
105	**GODÓ** *Godó*
106	**CARNE DE SOL COM PIRÃO DE LEITE** *Sun-dried salt beef with milk pirão*
108	**CARNE-SECA COM ABÓBORA** *Pumpkin with jerked beef*
110	**CARNE-SECA COM PURÊ DE BANANA-DA-TERRA** *Jerked beef with plantain purée*
112	**FEIJÃO FRADINHO COM CAMARÃO** *Black-eyed beans with prawns*
114	**FEIJÃO FRADINHO COM CARNE DE SOL** *Black-eyed beans with sun-dried salt beef*
116	**ARRUMADINHO DA AMADA** *Arrumadinho da Amada (the Beloved's tidy dish)*
118	**NINHO DE SOL** *Sun's nest*
120	**BACALHAU À BAIANA** *Bahia-style codfish*
123	**COZIDO BAIANO** *Bahia-style boiled dinner*
124	**ESCONDIDINHO DA AMADA** *Shepherd's pie of the beloved*
126	**BAIÃO DE DOIS** *Baião de dois*

Encantamento puro
Pure delight

Não sei se é a proximidade com os Orixás ou se é o jeito do povo, mas o caso é que a cozinha baiana é puro encantamento. É o sabor, o aroma, o colorido. Tudo junto e misturado para deixar qualquer um apaixonado.

Quando comecei a selecionar as receitas para essa edição, fiquei assim, apaixonada pela variedade – pelas moquecas do litoral e pelos ensopados do sertão. Então, fui buscar a ajuda de chefs que têm a Bahia no sangue ou no coração para desvendar esse mundo de sabor. E o resultado você confere nas próximas páginas, em 50 receitas preparadas com todo o capricho e carinho que irão desvendar os mistérios do sabor dessa culinária.

E se posso compartilhar um pouco do meu aprendizado ao preparar esta obra, é que a gastronomia da Bahia requer paixão. É uma cozinha sem meio termo. Então, siga o meu conselho: não tenha medo dos temperos, não tenha medo nem da pimenta, nem do coentro.

Mergulhe de cabeça – assim, exatamente como a gente faz quando se apaixona. Deixe-se experimentar. Se entregue e aproveite.

I don't know if it is the proximity to the Orixás or the people's way of life, but the Bahia cuisine is pure delight. It is the taste, the aroma, and the color, blended together to make you fall in love.

When I started to select the recipes for this edition, I was like this: passionate about variety - for the moquecas of the coast and for the stews of the backlands. So, I got the help of chefs who have Bahia in their blood or in their heart to unravel this world of flavor. And you can check the result in the following pages, in 50 recipes prepared with all the whimsy and affection which will unveil the mysteries of the flavor of this cuisine.

And, if I can share a little of my learning in preparing these art pieces, is that Bahia's gastronomy requires passion. It is a cuisine without half measures. Therefore, take my advice: do not be afraid of spices; do not be afraid of pepper nor of cilantro.

Take the plunge - just like the way you fall in love. Let yourself experience it. Surrender and enjoy.

DANI BORGES

Jornalista e chef de cozinha, é uma feliz dona de um enorme vaso de coentro e coordena esta edição

Journalist and chef. She is the happy owner of a huge vase of cilantro and is in charge of this edition

Os sabores se encontram na Bahia

Coming across flavors in Bahia

NEM SÓ DE DENDÊ VIVE A CULINÁRIA BAIANA. EM TODO O ESTADO, AS INFLUÊNCIAS GASTRONÔMICAS SE MESCLARAM COM AS CARACTERÍSTICAS LOCAIS, GERANDO UMA COZINHA RICA E VARIADA. O RESULTADO É UM CALEIDOSCÓPIO GASTRONÔMICO, RECHEADO DE TRADIÇÃO, FESTA E ENCANTAMENTO

BAHIA CULINARY IS NOT ONLY PALM OIL. ALL OVER THE STATE THE GASTRONOMIC INFLUENCES BLENDED WITH THE LOCAL CHARACTERISTICS GENERATED A DIVERSE AND RICH CUISINE. THE RESULT IS A GASTRONOMIC KALEIDOSCOPE FILLED WITH TRADITION, PARTY, AND ENCHANTMENT.

Pegue influências diretas da África, adicione a herança portuguesa e tempere bem com a cultura indígena. É assim que se fez e ainda se faz a famosa comida baiana, uma gastronomia tão rica em sabor quanto em tradição. O resultado é uma grande variedade de pratos icônicos não só no estado, mas em todo o Brasil. Uma mistura cultural única e irresistível.

Começando pelo litoral, nossa viagem pelos aromas da Bahia encontra a forte influência africana. Foram os escravos negros que deram o sabor intenso à comida local. Os navios negreiros não trouxeram somente homens e mulheres, mas também toda

Take the influences straight from Africa; add the Portuguese heritage and season well with the indigenous culture. This is how the famous Bahia food was and is still made, a cuisine as rich in flavor as it is in tradition. The result is a wide variety of iconic dishes not only in the state but also throughout Brazil. A unique and irresistible cultural blend. Beginning along the coast, our journey through the aromas of Bahia finds the strong African influence. The Black slaves gave the intense flavor to the local food. The slave ships did not only bring men and women, but also a whole culture in which music, religion, and food are strongly united. The largest icon of this conjunction is the palm oil. The African plant, used in ceremonies

coleção tempero brasileiro   **culinária baiana**

uma cultura, em que música, religião e comida estão fortemente unidas. Ícone maior dessa conjunção é o dendê. A planta africana, usada em cerimônias e no dia a dia, achou na Bahia uma extensão natural das terras africanas. E junto vieram outros pratos, como o vatapá, o caruru e tantos mais que se originaram nos terreiros de candomblé e umbanda. Hoje, essas iguarias deixaram as casas dos santos para frequentar também a casa das famílias.

Mas, para realmente saber o que a baiana tem, é preciso ir além do litoral. Continente adentro, está a forte marca sertaneja. Ali, fala mais alto a influência portuguesa e indígena. Nesse ambiente, a cultura culinária reflete a dureza do cenário. É de lá que vem o vaqueiro, com suas roupas de couro para protegê-lo da vegetação seca e espinhenta da caatinga. Essa figura icônica só existe por causa dos alimentos locais. É ele o responsável por fornecer os principais produtos da região: as carnes, de gado e de cabras, secas ao sol ou salgadas para que se conservem no calor e na rotina dura da região. Com ele estão sempre a farinha e a rapadura, essenciais para a sobrevivência no sertão. E de suas panelas saem os cozidos com tudo que se possa aproveitar – legumes, carnes de caça, embutidos, miúdos... São esses os itens que dão sustância aos pratos sertanejos.

Para Odilon de Castro, professor da Universidade Federal da Bahia e especialista na gastronomia do estado, é na Bahia que a culinária brasileira encontra sua maior tradução. "A cozinha baiana é a mais legítima representação da cozinha brasileira, no sentido multicultural do país", diz. Essa soma de influências, misturada no calor do Nordeste, deu origem não apenas a delícias que tanto adoramos, mas a uma das maiores riquezas culturais brasileiras.

A religião como referência: Muitos dos alimentos tradicionais da região são também oferendas aos orixás.. É o caso do abará, do bobó de camarão e do acarajé, símbolo máximo da culinária baiana e comida-ritual de Iansã, Xangô e Oxum.

and in Nowadays, because of this great cultural mix, the saints' food is also served daily at families' table and found in Bahia a natural extension of the African lands. And with them, other dishes came along such as vatapá, caruru and many more that originated in the candomblé and umbanda grounds.

But, in order to really know what the Bahia food has, we have to go beyond the coast. Going towards the inland, we can find the strong backlands streak. Over there, the Portuguese and indigenous influence wield enormous influence. In this environment, the culinary culture reflects the harshness of the scenario. That is the place where the cowboy comes dressed in leather clothes to protect him from the dry and thorny vegetation of the caatinga.

This iconic figure only exists because of the local foods. He is responsible for supplying the main products of the region: the meats, of cattle and of goats, dried in the sun or salted to be preserved in the heat and in the hard routine of the region. The cowboy always carries the manioc flour and the sweet pans, essential for survival in the backlands. And on their pots, they boil everything you can savor - vegetables, game meats, sausages, offal ... These are the items that give vigor to the backlands dishes. For Odilon de Castro, a professor at the Federal University of Bahia and a specialist in gastronomy in the state, it is in Bahia that the Brazilian cuisine finds its greatest translation. "Bahia cuisine is the most legitimate representation of Brazilian cuisine, in the multicultural sense of the country," he says. This sum of influences blended into the heat of the Northeast gave rise not only to the delicacies we love so much but also to one of the greatest Brazilian cultural richness.

The religion as reference: Many of the traditional foods of the region are also offerings to the orixás. This is the case of the abará, the shrimp bobó and the acarajé, the maximum symbol of the Bahia cuisine and ritual food of Iansan, Xango, and Oxum.

Mulheres do acarajé
Acarajé ladies

As tradicionais baianas do acarajé são facilmente reconhecidas pelas ruas de Salvador, sempre vestidas com sua tradicional indumentária: saias rodadas, panos nas costas, torso na cabeça, bata e colares com as cores dos seus orixás. Ícones da cultura soteropolitana exportado para todo o Brasil, elas tiveram seu ofício reconhecido como Patrimônio Nacional pelo Iphan (Instituto do Patrimônio Histórico e Artístico Nacional) em 2004.

The traditional acarajé ladies are easily recognized on the streets of Salvador. They are always dressed in their traditional outfit: swirl skirts, rags on their back, head turban, gown and necklaces in the colors of their orixás. They are icons of the culture of the capital, Salvador, exported throughout Brazil, who had their craft recognized as National Heritage by IPHAN (National Historical and Artistic Heritage Institute) in 2004.

" *Hoje, numa grande mistura cultural, a comida dos santos também frequenta a mesa das famílias*

Nowadays, these delicacies have left the saints' houses to go to the families' houses as well.

Os pilares da cozinha baiana

The pillars from the Bahia cuisine

Vasta e plural, a cozinha baiana recebeu ingredientes dos povos africano, indígena e português. Eles acabaram por se miscigenar, gerando uma das mais saborosas culinárias do mundo.

Africana
Presente na maioria dos pratos está o azeite de dendê. A ele somam-se o leite de coco, o camarão seco, a castanha, o amendoim e o gengibre.

Indígena
Marcada pelo uso da mandioca e seus derivados - os beijus, a farinha, a puba, os angus e pirões - e a prática do "moquém": o peixe assado na folha de bananeira, que deu origem à moqueca.

Portuguesa
Agregou à cozinha baiana os costumes que envolvem os refogados, ensopados e guisados e também o uso das especiarias da Ásia.

Vast and plural, the Bahia cuisine has received ingredients from African, indigenous and Portuguese peoples. Together they generate one of the tastiest cuisines in the world.

African
The palm oil is present in most of the dishes. It is added to it coconut milk, dried shrimp, chestnut, peanuts, and ginger.

Indigenous
It is marked by the use of the cassava and its derivatives - the beijus, the flour, the puba, the angus and pirões - and the practice of the "moquém": the roasted fish in the banana tree leaf, which gave origin to the moqueca.

Portuguese
It aggregated customs that involve the sautées, stews and also the use of spices from Asia to the Bahia cuisine.

Mar, sertão e muito mais
Sea, backlands and much more

VERSÁTIL E MULTICULTURAL, A COZINHA BAIANA CRESCEU APROAVEITANDO O QUE DE MELHOR OFERECE CADA UMA DAS REGIÕES DO ESTADO

VERSATILE AND MULTICULTURAL, THE BAHIA CUISINE HAS GROWN USING THE BEST OF EACH OF THE REGIONS OF THE STATE

A Bahia é um estado multicolorido e multicultural. Com grande variedade de climas e relevos, sua diversidade se reflete em uma gastronomia que se adapta às condições do ambiente e às influências da população que o estado vem recebendo ao longo de sua história.

Assim, na medida em que a cozinha de um povo é a marcada pela mutação e pela herança cultural, a culinária baiana se transforma e se multiplica, mostrando ao público as suas várias facetas.

Do mar até o sertão há uma imensidão de particularidades. No Litoral Norte, os peixes têm presença marcante. No Vale do São Francisco, a abundância de água permite uma dieta mais diversificada, com frutas e peixes. Na Chapada, o café e cachaça são complementos perfeitos às receitas.

Bahia is a multicolored and multicultural state. Having a wide variety of climates and scenarios, its diversity is reflected in a gastronomy that adapts to the conditions of the environment and the influences of the population that the state has been receiving throughout its history.

Thus, as long as a people's cuisine is marked by mutation and cultural heritage, Bahia cuisine is transformed and multiplied, showing the public its many aspects. From the sea to the backlands, there is a multitude of peculiarities. On the Northern Coast, the fish make a remarkable presence. In the São Francisco Valley, the abundance of water allows for a more diversified diet with fruits and fish. In the Chapada, coffee and cachaça are the perfect complements to the recipes.

coleção tempero brasileiro   **culinária baiana**

Mar do Dendê

NAS REGIÕES DO RECÔNCAVO E COSTA SUL, A CULINÁRIA AFRO-BRASILEIRA É MUITO FORTE. DESTACA-SE O USO DO DENDÊ, LEITE DE COCO, FEIJÃO, PEIXES E FRUTOS DO MAR. ELES SE CONCRETIZAM EM IGUARIAS COMO ACARAJÉ, ABARÁ, CARURU, MOQUECAS, VATAPÁ, TAPIOCA, FRIGIDEIRA, BOBÓ DE CAMARÃO E ETC.

Palm Oil Sea

In the regions of the Recôncavo and the Southern coast, the Afro-Brazilian cuisine is quite strong. It is worth noting the use of palm oil, coconut milk, beans, fish and seafood. They are embodied in delicacies such as acarajé, abará, caruru, moquecas, vatapá, tapioca, skillet dish, shrimp bobo, and etc.

Litoral Norte

AQUI É FORTE A PRESENÇA DE PESCADOS FRESCOS, PEIXES SALGADOS E SECOS E A INFLUÊNCIA INDÍGENA. DESTAQUE PARA A PRÁTICA DO "MOQUÉM", EM QUE OS PESCADOS SÃO EMBRULHADOS EM FOLHA DE BANANEIRA PARA SEREM ASSADOS.

North Coast

Here there is a strong presence of fresh, salty and dry fish and the indigenous influence. Highlighting the practice of the "moquém", in which the fish are wrapped in banana leaf to be roasted.

Sertão e Agreste

INTERIOR AFORA, AS CULTURAS SÃO MUITO BASEADAS NA SUBSISTÊNCIA. CARNES DE ANIMAIS SECAS E SALGADAS SÃO MUITO COMUNS. PRATOS TÍPICOS SÃO O SARAPATEL DE PORCO, GALINHA CABIDELA, PIRÃO DE LEITE, ANGU, BUCHADA DE CABRITO, ALÉM DO QUIBEBE, AIPIM, PIRÃO DE LEITE E CUSCUZ.

Rural and Arid Areas

Going towards the backlands the cultures are very much based on subsistence. Dried and salty meat is very common. Typical dishes are the pork sarapatel, cabidela chicken, pirão with milk, mush, goat's stomach, alongside the sautéed pumpkin, cassava, and couscous.

Velho Chico

MARCADA PELO RIO SÃO FRANCISCO, ESSA ÁREA É RICA EM PEIXES E FAZENDAS IRRIGADAS. HOJE, É UMA REGIÃO EM MUTAÇÃO E MODERNIZAÇÃO – COM A PRODUÇÃO DE VINHO, POR EXEMPLO. HÁ TAMBÉM NA ÁREA O FEIJÃO VERDE E PIRÕES EM QUE A FARINHA É ESCALDADA NO LEITE, NO CALDO DA CARNE, OU DO PEIXE.

Old Chico

Marked by the São Francisco River (nicknamed the Old Chico), this area is rich in fish and irrigated farms. Nowadays it is a mutating and modern region – noted in its production of wine, for example. In the area, you can also find the green beans and different kinds of pirões, made with flour that can be either scalded in milk or in meat or fish stock.

Sul de Cacau

DEPOIS DO GRANDE FOCO NA PRODUÇÃO DO CACAU E DAS PRAGAS NAS PLANTAÇÕES, A REGIÃO VEM PASSANDO POR UMA FORTE REVITALIZAÇÃO, FOCADA NA PRODUÇÃO DE GADO E BANANA. A PROXIMIDADE DO ESPÍRITO SANTO CRIA SEMELHANÇAS COM ESSE ESTADO, COM A PRODUÇÃO DE PRATOS COM PESCADOS E FRUTOS DO MAR. A MOQUECA ALI LEVA O URUCUM EM VEZ DE DENDÊ.

South of Cocoa

After the great focus on cocoa production and the crop pests, the region has been undergoing a strong revitalization focused on livestock and banana production. The proximity of the State of Espírito Santo creates similarities with this state, with dishes with fish and seafood. There the moqueca is prepared with urucum oil instead of palm oil.

Tipo Exportação

AS MIGRAÇÕES INTERNAS NO BRASIL LEVARAM A COMIDA BAIANA PARA OUTRAS REGIÕES. RIO DE JANEIRO E SÃO PAULO SÃO LOCAIS ONDE ESSA CULINÁRIA SE DESENVOLVEU.. NESSES E EM OUTROS ESTADOS, ALGUNS PRATOS TÊM VERSÕES PRÓPRIAS. O MAIS COMUM É A AUSÊNCIA DO COENTRO E A QUANTIDADE MENOR DE PIMENTA E DENDÊ.

Export Quality

Brazilian domestic migrations have taken Bahia food to other regions. Rio de Janeiro and São Paulo are some of the places where it has been developed. In these and other states, some dishes have their own versions. The most common is the absence of cilantro and a smaller amount of pepper and palm oil.

O que dá o gostinho da terra

What gives the taste of the land

O TEMPERO BAIANO É TÃO RICO QUANTO AS SUAS INFLUÊNCIAS

THE BAHIA SEASONING IS AS RICH AS ITS INFLUENCES

O historiador e antropólogo Luís da Câmara Cascudo, autor do livro A História da Alimentação no Brasil, destaca a preferência baiana pelos molhos ardidos, especialmente os que levam a malagueta. Mas os temperos locais não param por aí. Embora a pimenta e o dendê tenham presença marcante, a composição do sabor é mais elaborada, resultando numa cozinha de personalidade.

Estão presentes as ervas – especialmente o coentro – e as especiarias, fruto da influência portuguesa. O cravo e canela são o destaque, cantados em prosa e verso na figura icônica de Gabriela, do célebre escritor baiano Jorge Amado, um grande apreciador da cozinha local.

The historian and anthropologist Luís da Câmara Cascudo, author of the book The History of Food in Brazil, highlights the Bahia preference for spicy sauces, especially the ones that use chili pepper. But the local spices do not stop there. Although pepper and palm oil have a striking presence, the composition of the flavor is more elaborate, resulting in a cuisine of personality. There are herbs - especially cilantro - and spices, fruit of Portuguese influence. Clove and cinnamon are the highlights, object of prose and poetry in the iconic figure of Gabriela, a character by the celebrated Bahia writer Jorge Amado, a great connoisseur of local cuisine.

AS ESPECIARIAS, COMO COMINHO, CRAVO E CANELA SÃO PRESENÇAS FORTES NA COZINHA BAIANA

THE SPICES, LIKE CUMIN, CLOVE AND CINNAMON HAVE A STRONG PRESENCE IN THE BAHIA CUISINE

coleção tempero brasileiro · culinária baiana

Coentro Fresco

CHEGOU COM OS PORTUGUESES, MAS É COMO SE TIVESSE NASCIDO NA BAHIA. AROMÁTICO, É USADO NOS MAIS VARIADOS PRATOS: DE PEIXES A CARNES.

Fresh Cilantro
It came with the portuguese, but it seems it was born in Bahia. Aromatic, it is used in a variety of dishes: from fish to meat.

Pimentas

PRATO BAIANO QUE SE PREZE LEVA UMA BOA DOSE DE PIMENTA. SEJA A DE CHEIRO, MAIS AROMÁTICA E POUCO ARDIDA, OU A PODEROSA MALAGUETA..

Peppers
Any self-respecting Bahia dish carries a good shot of pepper. It can be any kind, from the more aromatic and not so hot to the mighty chili pepper.

Cominho

ESPECIARIA DAS ÍNDIAS, TAMBÉM TRAZIDA POR PORTUGUESES, ACABOU SE TORNANDO MAIS USADA NOS PRATOS DO SERTÃO BAIANO.

Cumin
A spice from the indies, also introduced by the portuguese, it ended up being more used in the dishes of Bahia backlands.

Gengibre

RAIZ FORTE E AROMÁTICA, TEM ORIGEM NA ÁSIA E, APESAR DE TRAZIDA PELOS PORTUGUESES, ESTÁ MUITO PRESENTE NOS PRATOS DE ORIGEM AFRICANA.

Ginger
A Strong and aromatic root originated in Asia and, despite of being brought by the Portuguese, very present in the dishes of African origin.

Dendê

UM DOS INGREDIENTES-SÍMBOLO DA COZINHA BAIANA, ESSE ÓLEO MARCA A FORTE INFLUÊNCIA DAS RELIGIÕES DE MATRIZ AFRICANA NESSA GASTRONOMIA.

Palm Oil
One of the symbols of the Bahia cuisine, this oil marks the strong influence of African religions in this gastronomy.

Hortelã

AROMÁTICA, ESSA ERVA DÁ PERSONALIDADE PRÓPRIA A PRATOS TRADICIONAIS COMO GUISADOS DE CARNE E TAMBÉM AO SARAPATEL.

Mint
Aromatic, this herb gives its own personality to traditional dishes such as meat stews and also sarapatel.

Leite de coco

O USO DESSE PRODUTO NA GASTRONOMIA BAIANA É RELATIVAMENTE RECENTE – DE CERCA DE 40 ANOS ATRÁS. MAS JÁ VIROU "MARCA REGISTRADA" DA COMIDA LOCAL.

Coconut milk

The use of this product in the Bahia gastronomy is relatively recent – about 40 years ago. But it has already become a "trademark" of the local food.

Cravo e Canela

HERANÇA PORTUGUESA DA ÉPOCA DAS NAVEGAÇÕES, O CRAVO E A CANELA ENTRAM EM PREPARAÇÕES VARIADAS DE DOCES E SALGADOS.

Clove and Cinnamon

Portuguese heritage of navigations era, clove and cinnamon are used in a variety of preparations of sweet and salty dishes.

Foto: Mrsiraphol

culinária baiana   coleção tempero brasileiro

Cozinha que está no sangue

The cuisine that is in the blood

A cozinha baiana é movida pela paixão – seja pela região, seja pelo sabor ou pelos ingredientes. Para os chefs que se dedicam a essa culinária, não há nada mais rico e mais cheio de personalidade. Eles não têm a menor dúvida em afirmar que, para cozinhar essa comida, é preciso não ter medo dos temperos. É preciso ousar.

"É uma comida para pessoas apaixonadas. Eu mesmo, paraibano de nascimento, me encantei pela Bahia e hoje me declaro baiano de coração. A comida baiana realmente me conquistou", diz o chef Carlos Ribeiro, do restaurante Na Cozinha, que busca nos sabores da África as bases para as suas receitas. "Essa influência africana, que traz também os ingredientes da religião para a cozinha brasileira, a deixa mais rica em sabor e cor", diz.

Para o chef Anderson de Almeida, do Mocofava, a relação com a comida está no sangue: desde que tinha 10 anos de idade ele já ajudava o pai em seu pequeno empório e foi lá que adquiriu intimidade com os ingredientes. "Nossa cozinha começa a ser valorizada. Mas nem sempre foi assim. As pessoas não conheciam os ingredientes que fazem parte do nosso cotidiano no sertão", diz.

Para Anderson, a comida baiana, sobretudo a sertaneja, que é sua especialidade, dispensa invencionices. "É uma cozinha simples e não entra nessa onda de gourmetização que a gente vive hoje", completa.

Bahia cuisine is driven by passion - aroused by region, flavor or ingredients. For the chefs who are devoted to this cuisine, there is nothing richer or more infused with personality. They have no doubt in saying that in order to prepare this food, one must not be afraid of seasoning. You have to be daring.

"It is food for people in love. I, a native of Paraiba state myself, was charmed with Bahia and nowadays I can declare myself a Bahia citizen of heart. The Bahia food has really conquered me", says chef Carlos Ribeiro, from the restaurant Na Cozinha, who looks for the basis of his recipes on the African flavors. "This African influence, which also brings the ingredients of the religion to the Brazilian cuisine, provides more taste and color," he says.

For chef Anderson de Almeida, from Mocofava, the relationship with food is in the blood: he has been helping his father in his little emporium since he was 10 years old and there he became familiar with the ingredients. "Our cuisine has begun to be valued. But it was not always so. People did not know the ingredients that were part of our daily life in the backlands ", he says. For Anderson, Bahia food, especially the one from the backlands, which is his specialty, does not require fanciful ideas. "It is a simple cuisine and it does not enter into this wave of glamorization of food in which we live today," he adds.

Conheça os chefs que prepararam as receitas dessa edição

Meet the chefs responsible for the recipes in this book

Amada Ramos Lima

A BAIANA, QUE COMANDA A COZINHA DO ESCONDIDINHO DA AMADA, CRESCEU NO RESTAURANTE DE SUA MÃE NA BAHIA. EM SÃO PAULO, ABRIU SEU PRÓPRIO ESPAÇO. A RECEITA DO SEU FAMOSO ESCONDIDINHO, ELA NÃO DÁ, MAS DIZ QUE O SEGREDO É O AMOR.

The Bahia citizen, in charge of the kitchen of the Escondidinho da Amada, grew up in her mother's restaurant in Bahia. In São Paulo, she opened her own space. She won't share the recipe to her famous shepherd's pie, but she says that the secret is love.

Anderson de Almeida

FILHO DO FUNDADOR DO MOCOFAVA, ANDERSON TRABALHA DESDE A ADOLESCÊNCIA NO RESTAURANTE. COM O PAI NORDESTINO, SEMPRE ESTEVE PRÓXIMO À CULINÁRIA DA REGIÃO. EM SEUS PRATOS, USA APENAS INGREDIENTES E TÉCNICAS REGIONAIS.

Carlos Ribeiro, a chef born at the state of Paraíba, declares himself to be a Bahia citizien of heart. His recipes can be tasted at Na Cozinha Restaurant, in São Paulo. He explores the influences of a Bahia that is multicultural with reference to the food of the candomblé saint.

Carlos Ribeiro

O CHEF PARAIBANO CARLOS RIBEIRO SE DECLARA BAIANO DE CORAÇÃO. EM SUAS RECEITAS, QUE PODEM SER DEGUSTADAS NO RESTAURANTE NA COZINHA, EM SÃO PAULO, ELE COLOCA EM PRÁTICA AS INFLUÊNCIAS DE UMA BAHIA QUE É MULTICULTURAL, COM REFERÊNCIA DA COMIDA DE SANTO DO CANDOMBLÉ.

Born in Serro, the most important colonial city at Minas Gerais, she runs the restaurant named by her mother: Dona Lucinha, one the most representative chef of the region cuisine.

Maria Joceylma

À FRENTE DO NAÇÃO NORDESTINA, COMEÇOU NOS FOGÕES AO LADO DA MÃE, NA BAHIA. HÁ 13 ANOS MUDOU-SE PARA SÃO PAULO PARA TRABALHAR COM OS TIOS, DONOS DO MOCOTÓ. SEU AMOR PELA COMIDA DE SUA TERRA GEROU RECEITAS PREMIADAS, COMO O BOLINHO DE BAIÃO DE DOIS.

In charge of the restaurant Nação Nordestina, she has started in the stoves beside her mother in Bahia. She moved to Sao Paulo 13 years ago to work with her uncles, the owners of the restaurant Mocotó. Her love for the food of her land has generated awarded recipes, such as baião-de-dois dumplings.

Luísa Saliba

PAULISTANA, ELA SE DEDICOU POR VÁRIOS ANOS À PUBLICIDADE E AO ENSINO. EM 2002, RENDEU-SE AOS ENCANTOS DA COZINHA BAIANA E NUNCA MAIS LARGOU O AVENTAL, COMANDANDO UM DOS MAIS CONHECIDOS RESTAURANTES BAIANOS DE SÃO PAULO.

Born in São Paulo, she devoted herself to advertising and teaching for several years. In 2002, she surrendered to the charms of Bahia cuisine and has never put down her apron, commanding one of the best-known Bahia cuisine restaurants of São Paulo.

Dani Borges

JORNALISTA, DEIXOU AS REDAÇÕES PARA ESTUDAR GASTRONOMIA. AGORA, CADA VEZ MAIS SE ENVEREDA POR ESSA SEARA, PESQUISANDO NOVOS SABORES E TESTANDO AS RECEITAS QUE VAI DESCOBRINDO.

A journalist, she left the newsroom to study gastronomy. Now, she has embarked in this area of researching new flavors and testing the recipes she has been discovering.

Para entrar no ritmo

TO GET INTO THE RHYTHM

Do tradicional acarajé ao queijo coalho com melaço, passando pelo torresmo crocante e saboroso e pelos caldos, trazemos uma seleção de receitas de entradinhas capazes de aquecer a todo os corações.

From the traditional acarajé to the curd cheese with molasses, going from the crunchy and tasty crackling to the broths, we bring you a selection of appetizers recipes guaranteed to warm all hearts

MOLHO DE "PIMENTA PORRETA"
"CHILI PEPPER" SAUCE

rendimento: **1 litro**
tempo de preparo: **10 minutos**

makes: **4 cups**
ready in: **10 minutes**

ingredientes

- 2 xícaras (chá) de pimenta-cumari fresca
- 2 xícaras (chá) de pimenta-malagueta fresca
- 2 xícaras (chá) de pimenta dedo-de-moça fresca
- 2 xícaras (chá) de pimenta-biquinho fresca
- 4 dentes de alho
- Azeite extravirgem a gosto
- 100 ml de vinagre branco
- 2 folhas de louro

ingredients

- 2 cups fresh cumari pepper
- 2 cups fresh hot chili peppers
- 2 cups fresh chili pepper
- 2 cups fresh biquinho pepper
- 4 garlic cloves
- Extra virgin olive oil to taste
- 100 ml white vinegar
- 2 bay leaves

modo de preparo

1. Bata todos os ingredientes no liquidificador, até virar uma pasta fina
2. Coloque a mistura em um recipiente com tampa e guarde sempre na geladeira por até três meses.

directions

1. Blend all the ingredients until it becomes a thin paste.
2. Place the mixture in a covered container and keep it stored in the refrigerator for up to three months.

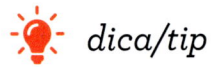

dica/tip

O molho de pimenta da chef Amada é um ótimo acompanhamento para o acarajé (ver página 32)

Amanda's pepper sauce is a great side dish for the acarajé (see page 32).

ACARAJÉ

ACARAJÉ

rendimento: **6 porções**
tempo de preparo: **5 horas**

makes: **6 dumplings**
ready in: **5 hours**

ingredientes

- 500 g de feijão fradinho quebrado e cru
- 300 ml de azeite de dendê
- Sal

ingredients

- 500 g and raw black-eyed beans, broken
- 300 ml palm oil
- Salt

modo de preparo

1. Deixe o feijão fradinho de molho por 4 horas até o grão ficar macio e soltando a pele.
2. Lave em água corrente e passe por um processador até obter uma massa lisa. Tempere com sal.
3. Em um recipiente, bata a massa com uma colher de pau levemente até que fique aerada.
4. Aqueça o dendê, modele os bolinhos com uma colher e frite.
5. Sirva os bolinhos com caruru e vatapá (veja receita nas págs. 64 e 78), além de camarão seco e vinagrete.

directions

1. Leave the beans to soak for 4 hours until the beans are soft and the skin is loose.
2. Wash under running water and place in a processor until it gets smooth. Season with salt.
3. In a bowl, knead the dough with a wooden spoon until it becomes aerated.
4. Heat up the palm oil, shape the dumplings with a spoon and fry.
5. Serve the cookies with caruru and vatapá (see recipe on pages 64 and 78), along with dried shrimp and vinaigrette.

dica/tip

Se quiser, é possível conservar a massa do acarajé em congelador por três meses antes de fritar. Guarde-a em um recipiente de plástico ou num saco vedado.

If you want, it is possible to preserve the acarajé dough in a freezer for up to three months before frying. Store in a plastic container or in a sealed bag.

ABARÁ
ABARÁ

rendimento: **10 unidades**
tempo de preparo: **6 horas**

makes: **10 dumplings**
ready in: **6 hours**

ingredientes

- 300 g de massa de feijão fradinho (veja na receita de Acarajé na pág. 32)
- 1 cebola
- 1 pitada de sal
- 50 g de castanha de caju
- 50 g de amendoim
- 100 g de camarão seco triturado
- 10 folhas de bananeira cortadas em formato de quadrado

ingredients

- 300 g of black-eyed beans dough (see Acarajé recipe on page 32)
- 1 onion
- 1 pinch of salt
- 50 g cashew nuts
- 50 g peanuts
- 100 g dried shrimp, crushed
- 10 banana leaves cut into the shape of a square

modo de preparo

1. Bata todos os ingredientes no liquidificador e vá misturando à massa de feijão.
2. Corrija o sal se for necessário.
3. Modele os bolinhos, embrulhe na folha de bananeira e cozinhe no vapor por duas horas.

directions

1. Blend all the ingredients mixing along with the bean dough.
2. Correct the salt if necessary.
3. Model the dumplings, wrap in the banana leaf and steam for two hours.

dica/tip

Iguaria muito parecida com o acarajé, o abará também pode ser servido na companhia de vatapá, caruru, camarão seco e salada

As abará is a delicacy is very similar to acarajé, it can also be served with vatapá, caruru, dried shrimp and salad

QUEIJO COALHO COM MELAÇO

CURD CHEESE WITH MOLASSES

rendimento: **4 porções**
tempo de preparo: **15 minutos**

makes: **4 portions**
ready in: **15 minutes**

ingredientes

- 500 g de queijo coalho
- 20 ml de manteiga de garrafa
- 100 ml de melaço de cana

ingredients

- 500 g curd cheese
- 20 ml bottle butter (or ghee)
- 100 ml sugar cane molasses

modo de preparo

1. Corte o queijo coalho em pedaços compridos.
2. Em uma frigideira coloque a manteiga de garrafa para aquecer.
3. Frite os pedaços de queijo até ficarem bem dourados.
4. Sirva com o melaço de cana.

directions

1. Cut the curd cheese into long pieces.
2. In a frying pan, heat up the butter.
3. Fry the pieces of cheese until they are golden brown.
4. Serve with sugar cane molasses.

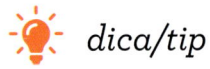 *dica/tip*

Para dar mais sabor e perfume ao prato, amasse uma pimenta-de-cheiro com o melaço de cana antes de servir, mas não se esqueça de tirar as sementes antes: assim, não ficará muito picante

To give more flavor and aroma to the dish, crunch Scotch bonnet pepper with sugar cane molasses before serving, but do not forget remove the seeds, so it won't get too spicy

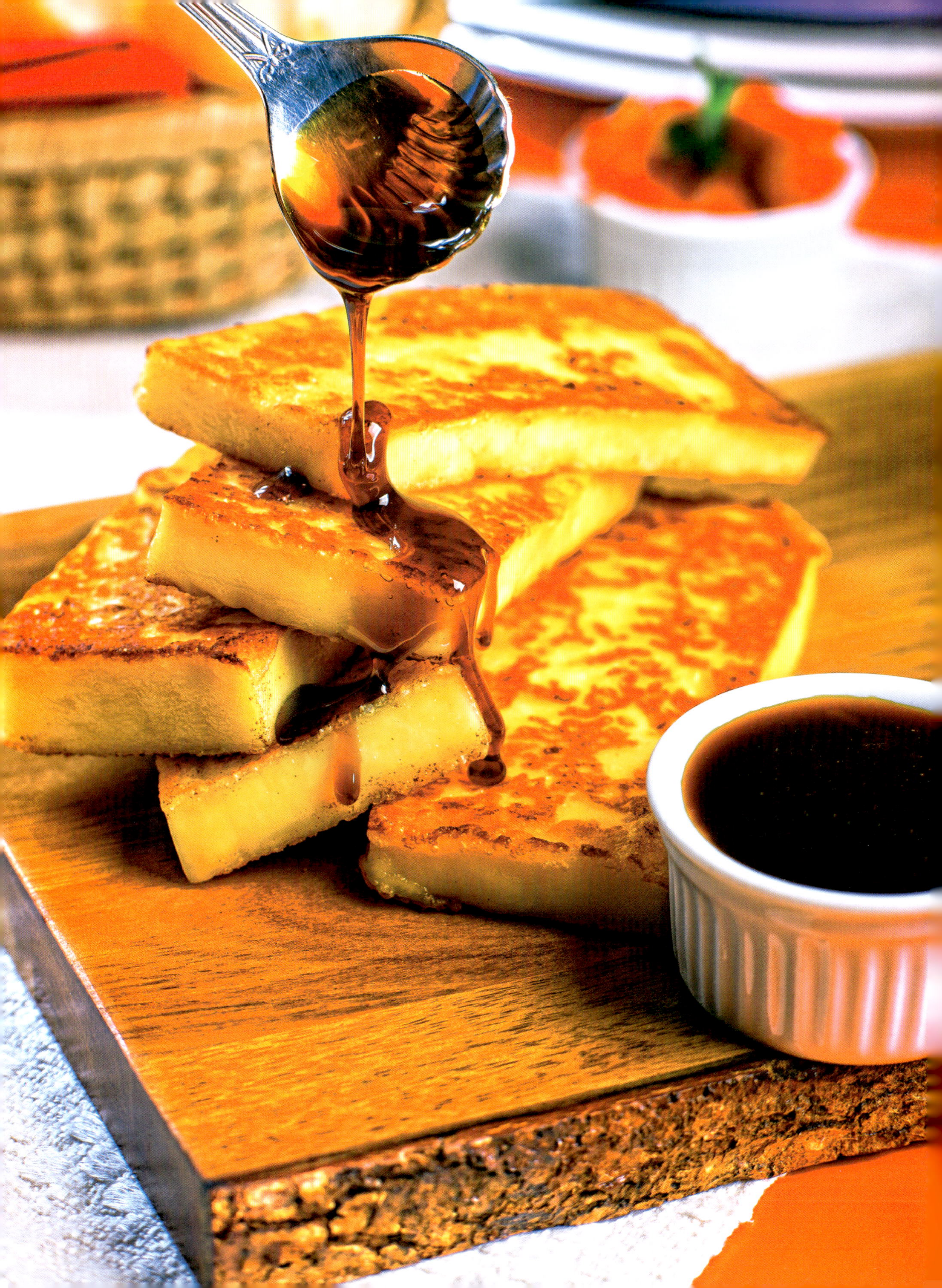

Para uma versão vegetariana, substitua a carne-seca por caruru. Fica com o gostinho baiano, mas sem carne (veja a receita do caruru na pág. 64)

For a vegetarian version, replace the jerked beef with caruru. You get the Bahia taste, but with no meat (see the recipe for caruru on p. 64)

PASTEL DE CARNE-SECA E QUEIJO COALHO

JERKED BEEF AND CURD CHEESE FRIED PIE

rendimento: **20 unidades**
tempo de preparo: **40 minutos**

makes: **20 units**
ready in: **40 minutes**

ingredientes

Massa: • 3 xícaras (chá) de farinha de trigo • 300 ml de água • 2 colheres (sopa) de óleo • 50 ml de cachaça branca • Sal a gosto

Recheio: • 1 kg de carne-seca dessalgada e desfiada • 50 ml de manteiga de garrafa • 500 g de queijo coalho ralado • 1 cebola • 4 dentes de alho • ½ pimentão verde • 1 xícara (chá) de coentro e cebolinha picados

ingredients

Dough: • 3 cups of wheat flour • 300 ml water • 2 tablespoons oil • 50 ml white cachaça • Salt to taste

Filling: • 1 kg jerked beef, desalted and shredded • 50 ml bottle butter (or ghee) • 500 gr curd cheese, grated • 1 onion • 4 cloves of garlic • ½ green bell pepper • 1 cup cilantro and chives, chopped

modo de preparo

Massa: **1.** Primeiro, misture a farinha com o sal. **2.** Em seguida, abra um buraco no meio da farinha e acrescente a água aos poucos, incorporando-a à farinha com as mãos. **3.** Acrescente o óleo e, por último, a cachaça. Continue misturando bem a massa, sovando em uma superfície lisa até que fique uniforme. **4.** Deixe a massa descansar por 15 minutos coberta com um pano úmido. **5.** Abra a massa com o rolo ou cilindro, criando quadrados de 12 x 12 cm.

Recheio: **1.** Corte a cebola, o alho e o pimentão em cubinhos bem pequenos e refogue na manteiga de garrafa, mexendo sempre para não queimar. **2.** Acrescente a carne-seca desfiada e frite por cerca de 10 minutos. Desligue o fogo e acrescente o coentro, a cebolinha e o queijo coalho ralado. **3.** Recheie os quadradinhos de massa com cuidado e feche bem as extremidades. **4.** Frite em óleo bem quente.

directions

Dough: **1.** Mix the flour with the salt. **2.** Open a hole in the middle of the flour and add the water gradually, incorporating it to the flour with the hands. **3.** Add the oil and finally the cachaça. Keep mixing, kneading the dough until it gets a smooth uniform surface. **4.** Let the dough rest for 15 minutes covered with a damp cloth. **5.** Open the dough with a rolling pin, creating squares of 12 x 12 cm.

Filling: **1.** Dice the onion, garlic and bell pepper and sauté in the bottle butter, stirring constantly in order not to burn. **2.** Add the shredded meat and fry for about 10 minutes. Turn off the heat and add the cilantro, chives and the grated curd cheese. **3.** Carefully fill the dough squares and close the ends very well. **4.** Fry in very hot oil.

BOLINHO DE BAIÃO DE DOIS
BAIÃO-DE-DOIS DUMPLINGS

rendimento: **30 unidades**
tempo de preparo: **45 minutos**

makes: **30 units**
ready in: **45 minutes**

ingredientes

Recheio: • 3 xícaras (chá) de linguiça toscana fervida e cortada em cubinhos pequenos • 3 xícaras (chá) de carne-seca dessalgada e desfiada • 3 xícaras (chá) de queijo de coalho ralado • 50 ml de manteiga de garrafa • 1 cebola grande • 4 dentes de alho • ½ pimentão verde • ½ xícara (chá) de coentro e cebolinha picados

Massa: • 1/2 xícara (chá) de coentro e cebolinha picados • 1 kg de arroz branco cozido com sal e um pouquinho de colorau • 500 g de feijão-de-corda cozido • 2 ovos • Farinha de rosca para empanar • 1 litro de óleo para fritar

ingredients

Filling: • 3 cups Tuscan-style Italian sausage, boiled and diced • 3 cups jerked beef, desalted and shredded • 3 cups curd cheese, grated • 50 ml bottle butter • 1 large onion • 4 cloves of garlic • ½ green bell pepper • ½ cup cilantro and chives, chopped

Dough: • 1/2 cup cilantro and chives, chopped • 1 kg white rice, cooked with salt and a little of paprika • 500 g black-eyed beans, cooked • 2 eggs • Breadcrumbs, enough for breading • 1 liter frying oil

modo de preparo

Recheio: **1.** Corte a cebola, o alho e o pimentão em cubinhos pequenos. Reserve. **2.** Em uma frigideira, aqueça a manteiga de garrafa e acrescente um ovo e a cebola, o alho e o pimentão. **3.** Na mesma frigideira, coloque a carne-seca e a linguiça. Deixe refogar por cerca de 10 minutos. Desligue o fogo e acrescente meia xícara de coentro e cebolinha. **4.** Separe a mistura em duas partes. Em uma delas, misture o queijo coalho. Reserve a outra parte. *Massa:* **1.** Bata no processador o arroz com o feijão, até que se tornem uma mistura homogênea. **2.** Despeje a massa em uma tigela e acrescente um ovo e o recheio de carne-seca e linguiça reservado anteriormente. **3.** Acrescente meia xícara de coentro e cebolinha e misture bem a massa, até incorporar todos os ingredientes. **4.** Faça bolinhas de cerca de 40 g ou 2,5 cm de diâmetro. Depois, abra a massa na mão e coloque o recheio e feche bem, formando bolinhas uniformes. **5.** Bata um ovo e reserve. **6.** Passe os bolinhos no ovo batido e, depois, na farinha de rosca. Frite em óleo quente e sirva.

directions

Filling: **1.** Dice the onion, garlic and bell pepper. Set aside. **2.** In a frying pan heat the butter and add one egg and onion, the garlic and the bell pepper. **3.** In the same frying pan place the meat and sausage. Sauté for about 10 minutes. Turn off the heat and add half a cup of cilantro and chives. **4.** Split the mixture into two parts. In one of them, mix the curd cheese. Set aside. *Dough:* **1.** Blend the rice and beans in the food processor until they become a homogeneous mixture. **2.** Pour the dough into a bowl and add one egg, the filling of jerked meat and sausage previously reserved. **3.** Add half cup of cilantro and chives and mix well the dough until incorporating all the ingredients. **4.** Make balls of about 40 g or 2.5cm in diameter. Then, open the dough in the hand and place the filling in the middle and close well, forming uniform balls. **5.** Beat an egg and set aside. **6.** Dunk the dumplings in the beaten egg and then in the breadcrumbs. Fry in hot oil and serve.

💡 *Para acompanhar os bolinhos, prepare um vinagrete picante: junte ½ cebola picada em cubos pequenos, 1 tomate sem sementes picado em cubos pequenos, salsinha picadinha e uma pimenta dedo-de-moça picada (sem as sementes). Tempere com sal e limão a gosto*

To serve with the dumplings, prepare a spicy vinaigrette: add ½ diced onion, 1 deseeded tomato, chopped parsley, chili pepper (without the seeds). Season with salt and lemon to taste.

BOLINHO DE PEIXE

FISH DUMPLING

rendimento: **30 unidades**
tempo de preparo: **30 minutos**

makes: **30 units**
ready in: **30 minutes**

ingredientes

- 500 g de peixe branco sem espinhas • 500 g de batata cozida e amassada • 2 ovos • 100 ml de azeite • 100 g de cebola • 50 ml de vinho branco • Sal e pimenta-do-reino a gosto • Salsinha picada a gosto • Óleo para fritar

ingredients

- 500 g boneless whitefish • 500 g potatoes, cooked and mashed • 2 eggs • 100 ml olive oil • 100 g onion • 50 ml white wine • Salt and black pepper to taste • Chopped parsley to taste • Frying oil

modo de preparo

1. Cozinhe o peixe rapidamente em um pouco de água com sal. Em seguida, escorra a água e desfie o peixe. **2.** Junte o peixe desfiado com a batata cozida e amassada e incorpore um ovo com a clara e a gema e mais a gema do outro ovo. **3.** Acrescente o azeite, vinho branco e a cebola. Acerte o sal e a pimenta e junte a salsinha. **4.** Amasse bem a massa, até que fique homogênea. **5.** Faça bolinhas pequenas e frite em óleo bem quente.

directions

1. Cook the fish quickly in slightly salty water. Then drain the water and shred the fish. **2.** Add the shredded fish with the mashed potato and incorporate one whole egg plus the yolk of the other egg. **3.** Add the olive oil, white wine and onion. Check the salt and pepper and add the parsley. **4.** Knead the dough well, until it is homogeneous. **5.** Make small balls and fry in very hot oil.

dica/tip

Essa receita pode ser facilmente adaptada para se transformar em um delicioso bolinho de bacalhau. Para isso, troque o peixe branco pela mesma quantidade de bacalhau já previamente dessalgado

This recipe can easily be adapted to a delicious cod dumpling. To do this, replace the whitefish with the same amount of previously desalted cod.

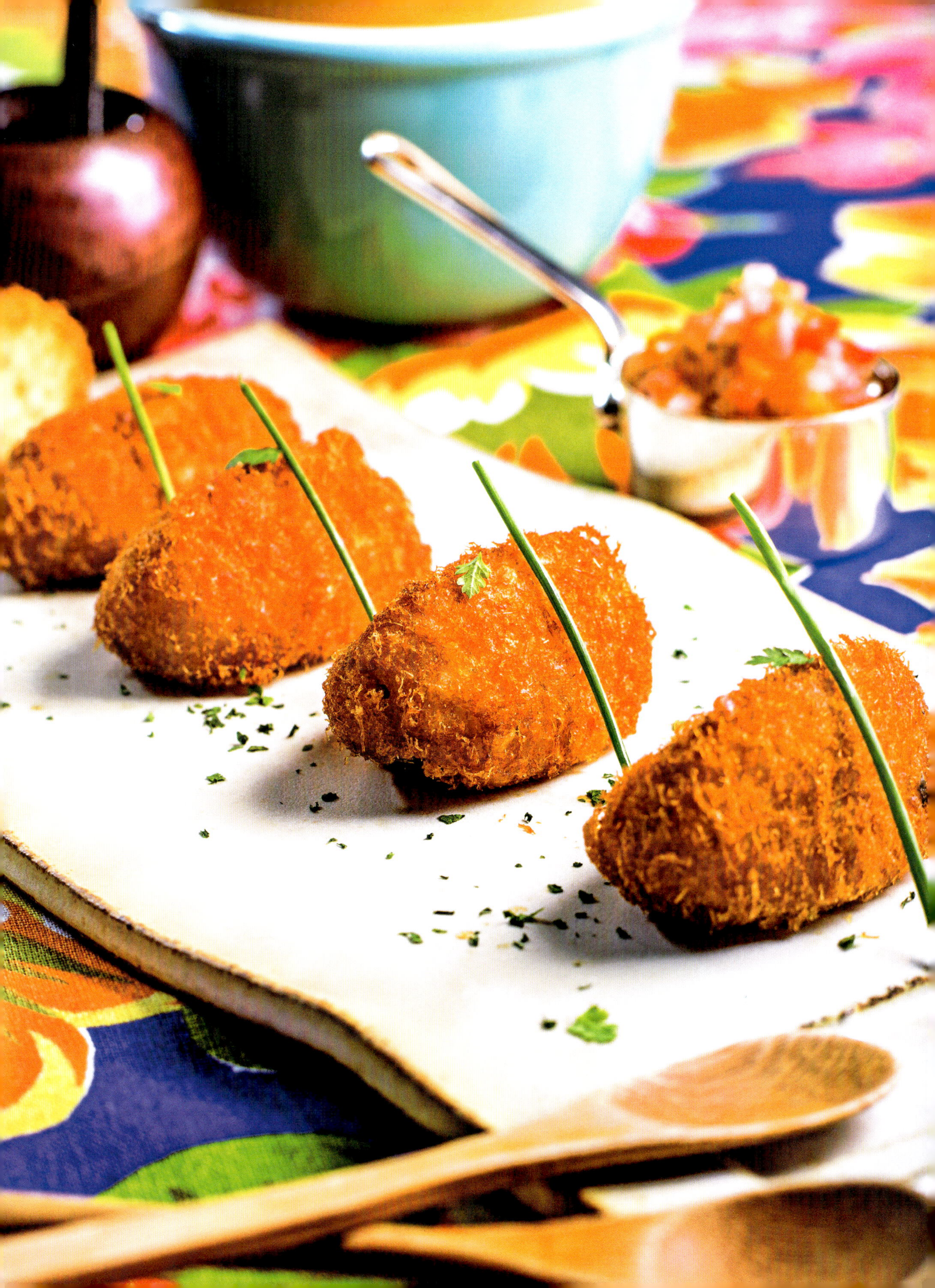

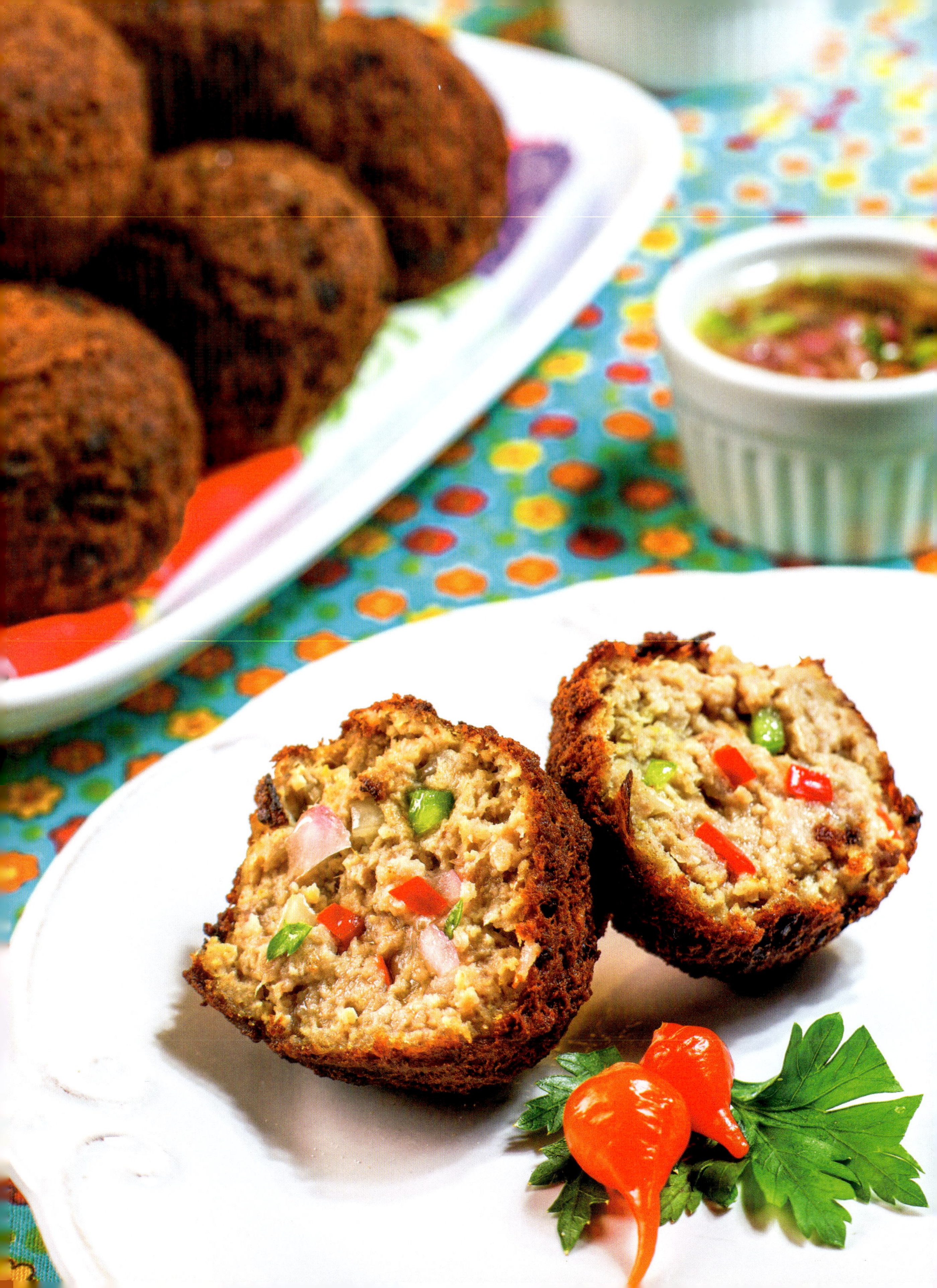

BOLINHO DE CARNE DE SOL

SUN-DRIED SALT BEEF DUMPLING

rendimento: **24 unidades**
tempo de preparo: **45 minutos**

makes: **24 units**
ready in: **45 minutes**

ingredientes

- 1,2 kg de carne de sol (coxão duro) dessalgada
- 1 xícara (chá) de cebola picada
- 2 pimentas dedo-de-moça picadas
- 1 colher (sobremesa) de cominho
- 6 pães (francês) amanhecidos
- Sal e pimenta-do-reino a gosto
- Óleo para fritar

ingredients

- 1,2 kg of sun-dried salt beef (flat bovine), desalted
- 1 cup of onion, chopped
- 2 chili peppers, chopped
- 1 dessertspoon cumin
- 6 day-old bread rolls
- Salt and black pepper to taste
- Frying oil

modo de preparo

1. Passe a carne de sol no processador. **2.** Tire a casca dos pães e corte-os em rodelas. Em uma assadeira, disponha os pães e coloque água até que eles fiquem bem úmidos, formando uma papa. Escorra e reserve. **3.** Misture a cebola, a pimenta e o cominho com a carne e junte o pão. **4.** Acerte o sal e a pimenta-do-reino. **5.** Molde os bolinhos formando bolinhas. **6.** Frite em óleo bem quente e sirva.

directions

1. Put the meat in the food processor. **2.** Remove the bread crusts and cut them into slices. In a baking pan arrange the slices and pour water over them until they are completely soaked and can be mashed. Drain and set aside. **3.** Mix the onion, pepper and cumin with the meat and add the bread. **4.** Check salt and pepper. **5.** Mold the dumplings into small balls. **6.** Fry in very hot oil and serve.

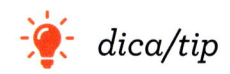

dica/tip

Sirva os bolinhos com um molho de coentro: pique dois dentes de alho e acrescente uma pitada de pimenta-do-reino. Adicione uma colher de azeite e duas colheres de coentro bem picado

Serve the dumplings with a cilantro sauce: chop two cloves of garlic and add a pinch of black pepper. Add a spoonful of olive oil and two tablespoons of finely chopped cilantro.

coleção tempero brasileiro   **culinária baiana**

CALDINHO DE PEIXE
FISH BROTH

rendimento: **10 porções** makes: **10 portions**
tempo de preparo: **40 minutos** ready in: **40 minutes**

ingredientes

- 400 g de peixe branco (robalo ou badejo) picado em cubos • 2 cebolas picadas • 3 tomates picados • 1 pimentão verde • 2 dentes de alho • 100 ml de polpa de tomate • 200 g de fubá • 50 ml de azeite • Suco de um limão • Coentro picado

ingredients

- 400 g diced whitefish (sea bass or whiting), diced • 2 onions, chopped • 3 chopped tomatoes • 1 green bell pepper • 2 garlic cloves • 100 ml tomato pulp • 200 g cornmeal • 50 ml olive oil • Juice of one lemon • Chopped cilantro

modo de preparo

1. Refogue o peixe com o alho no azeite.
2. Acrescente as cebolas, os tomates, o pimentão, a polpa de tomate e o suco de limão e deixe cozinhar por 20 minutos. Junte mais meio litro de água e deixe apurar. **3.** Depois que a mistura estiver cozida e fria, bata no liquidificador até ficar homogêneo. **4.** Retorne o caldo batido para a panela e leve em fogo baixo, acrescentando o fubá aos poucos. Ferva até engrossar.
5. Na hora de servir, polvilhe o coentro picado.

directions

1. Sauté the fish with the garlic in olive oil. **2.** Add the onions, tomatoes, bell pepper, tomato pulp, and lemon juice and cook for 20 minutes. Add more half a liter of water and let it refine its flavor.
3. After the mixture is cooked and cool, blend until it is smooth. **4.** Return the blended broth to the pan over low heat, adding the cornmeal gradually. Boil until it thickens. **5.** At the time of serving sprinkle chopped cilantro.

dica/tip

Utilize o mesmo peixe do caldo para fazer assado. A receita pode ser servida com peixe e arroz, por exemplo. Uma combinação simples, mas muito saborosa.

Use the same fish broth to make roast. The recipe can be served with fish and rice, for example. A simple but very tasty combination.

culinária baiana coleção tempero brasileiro

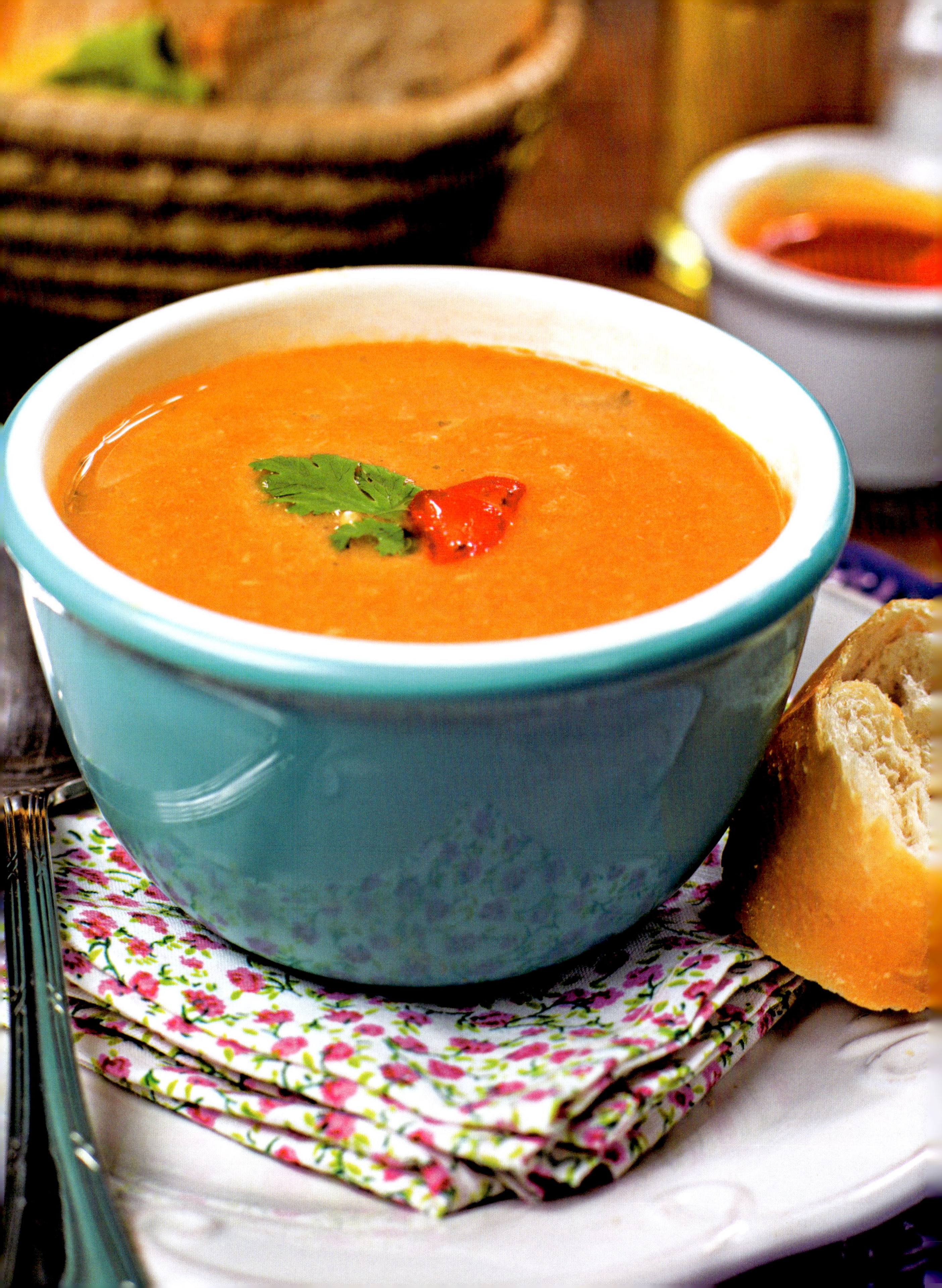

CALDINHO DE MOCOTÓ
MOCOTÓ BROTH

rendimento: **10 porções**
tempo de preparo: **40 minutos**

makes: **10 portions**
ready in: **40 minutes**

ingredientes

- 1 pata de boi serrada em pedaços médios
- 2 colheres (sopa) de sal • 2 colheres (sopa) de cominho • 2 colheres (sopa) de alho amassado
- 1 colher (sopa) de colorau • 1 xícara (chá) de polvilho
- 3 folhas de louro • 100 ml de vinagre • 1 pimentão verde picado • 1 cebola picada • Coentro e cebolinha a gosto

ingredients

- 1 calf's foot sawn in small pieces
- 2 tablespoons salt • 2 tablespoons cumin • 2 tablespoons crushed garlic
- 1 tablespoon paprika • 1 cup tapioca flour • 3 bay leaves • 100 ml vinegar
- 1 green bell pepper, chopped
- 1 onion, chopped • Cilantro and chives to taste

modo de preparo

1. Cozinhe o mocotó (pata de boi) em uma panela de pressão por uma hora – com dois litros água, o sal e o vinagre. *2.* Escorra a água e deixe esfriar. Retire a carne do osso e reserve. *3.* Em uma panela grande, coloque os pedaços de carne e cubra de água. *4.* Junte todos os temperos (o cominho, o alho, o colorau, o louro, o pimentão e a cebola) e deixe ferver por 10 minutos. *5.* Enquanto isso, dissolva o polvilho com meia xícara (chá) de água e acrescente ao mocotó, mexendo bem. *6.* Cozinhe até engrossar. Coe o caldo e acerte o sal. *7.* Sirva polvilhando a cebolinha e o coentro.

directions

1. Cook the mocotó (calf's foot) in a pressure cooker for an hour, with two liters of water, salt and vinegar. *2.* Drain the water and let it cool. Remove the meat from the bone and set aside. *3.* In a large saucepan, place the pieces of meat and cover with water. *4.* Add all the seasonings (cumin, garlic, paprika, bay leaf, bell pepper, and onion) and simmer for 10 minutes. *5.* In the meantime, dissolve the flour with half a cup of water and add to the mocotó, stirring well. *6.* Cook until it thickens. Strain the broth and check the salt. *7.* Serve sprinkling chives and cilantro.

O caldo de mocotó fica mais encorpado e saboroso se você adicionar mandioca picada já cozida no passo 4 do preparo. Outra opção também é enriquecer o caldo com favas cozidas e finalizar com um fio de azeite de dendê, para um sabor mais marcante

The mocotó broth becomes tastier and richer if you add a cooked and mashed cassava in step 4 of preparation. Another option is to enrich the broth with cooked beans and finish with a dash of palm oil, for a unique flavor

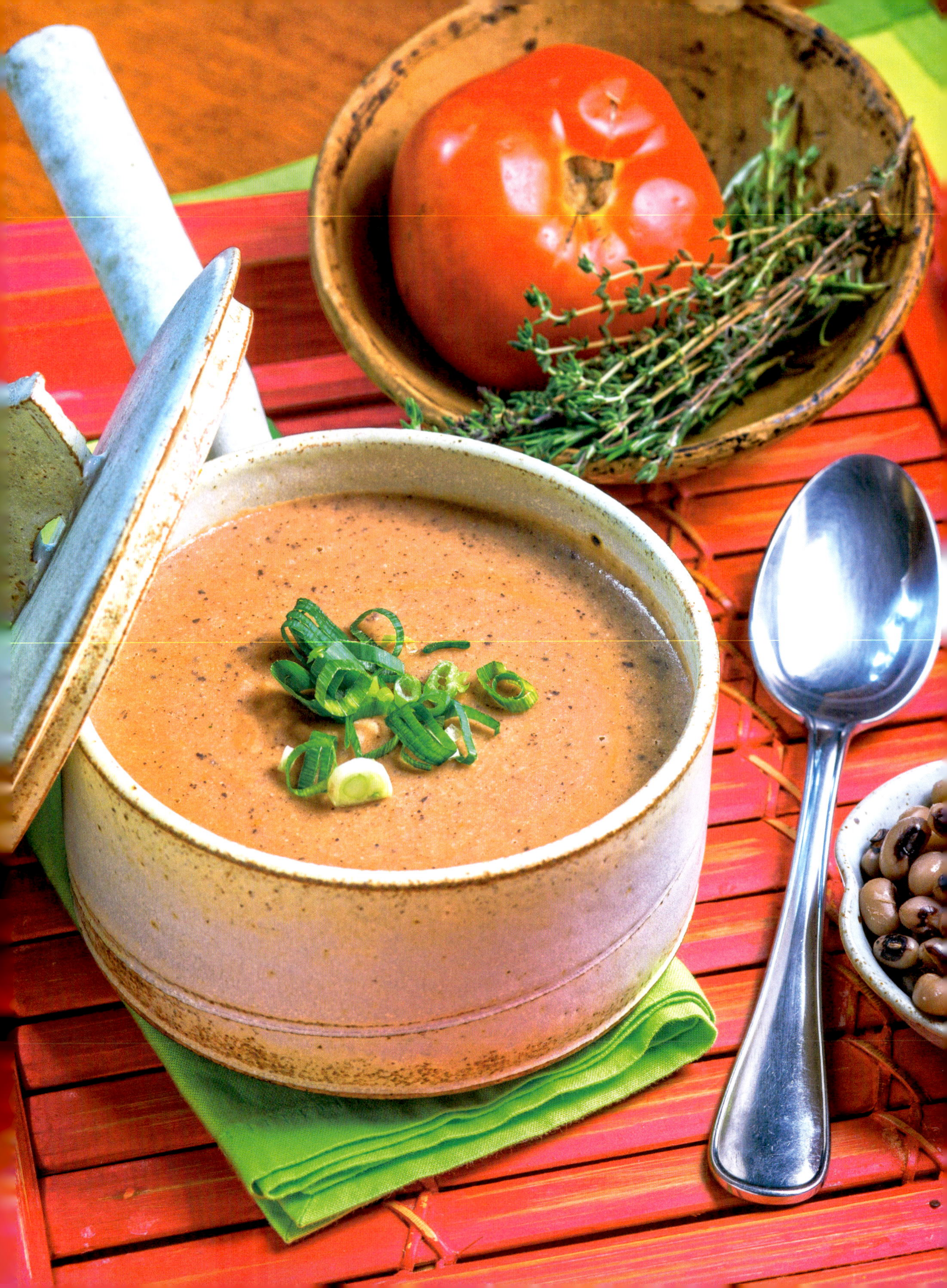

FEIJÃO DE LEITE

MILK BEANS

rendimento: **4 porções**   makes: **4 portions**
tempo de preparo: **1 hora**   ready in: **1 hour**

ingredientes

- 250 g de feijão mulatinho ou carioca • 4 xícaras de água • 200 ml de leite de coco • 1 tomate sem semente cortado em cubos • 100 g de açúcar • Sal a gosto • Cebolinha picada a gosto

ingredients

- 250 g red or pinto beans • 4 cups water • 200 ml coconut milk
- 1 tomato seeded and diced
- 100 g sugar • Salt to taste
- Chopped chives to taste

modo de preparo

1. Coloque o feijão em uma panela e cubra de água. Leve ao fogo para cozinhar até que fique macio.
2. Escorra o feijão, reservando a água do cozimento.
3. Cozinhe, usando uma xícara da água do cozimento do feijão reservada anteriormente, o feijão, o leite de coco, o tomate, o açúcar e o sal por 15 minutos – ou até que se forme um caldo grosso.
4. Bata todos os ingredientes no liquidificador. Acerte o sal. Sirva com cebolinhas picadas.

directions

1. Place the beans in a saucepan and cover with water. Cook until it is tender. *2.* Drain the beans, reserving the cooking water. *3.* Using a cup of the previously reserved water cook the beans, the coconut milk, the tomatoes, sugar and salt for 15 minutes - or until it becomes a thick broth. *4.* Mix all the ingredients in the blender. Check the salt. Serve with chopped chives.

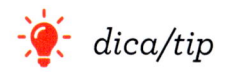

---

dica/tip

O feijão de leite deve ser servido quente. É um ótimo aperitivo, mas pode ser servido como acompanhamento para o peixe frito com arroz branco, por exemplo, e também vai bem na companhia de moquecas e frutos do mar

Milk beans should be served warm. It is a great appetizer, but it can be also served as a side dish, for example to fried fish with white rice. It also goes well alongside of moquecas and seafood.

CARNE DE SOL COM MANDIOCA

SUN-DRIED SALT BEEF WITH CASSAVA

rendimento: **5 porções**
tempo de preparo: **50 minutos**

makes: **5 portions**
ready in: **50 minutes**

ingredientes

- 1 kg de carne de sol de sol dessalgada
- 300 g de mandioca
- 100 ml de manteiga de garrafa
- Pimenta-biquinho a gosto

ingredients

- 1 kg of sun-dried salt beef, desalted
- 300 g cassava
- 100 ml bottle butter
- Black pepper to taste

modo de preparo

1. Lave bem a carne de sol e seque. Corte a carne em quatro bifes altos. *2.* Cozinhe a mandioca em 2 litros de água até que fique bem macia. *3.* Em uma frigideira, coloque a manteiga de garrafa e grelhe a carne até que fique dourada por fora. *4.* Na mesma frigideira, doure a mandioca já cozida. *5.* Em uma travessa, disponha a mandioca, a carne de sol fatiada e a pimenta-biquinho. Sirva ainda quente.

directions

1. Wash the meat thoroughly and dry. Cut the meat in four thick steaks. *2.* Cook the cassava in 2 liters of water until it becomes very soft. *3.* In a frying pan, put the bottle butter and grill the meat until it is golden brown on the outside. *4.* In the same skillet, brown the cooked cassava. *5.* On a platter, arrange the cassava, the sliced sun-dried salt beef and the biquinho pepper. Serve still warm.

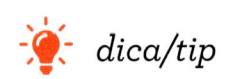

dica/tip

O prato também pode ser acompanhado por uma cabeça de alho assada. Para isso, corte o topo da cabeça de alho com uma faca, polvilhe sal e leve ao forno por 30 minutos, embrulhado em papel alumínio

A roasted head of garlic can also accompany the dish. To do this, cut the top of the garlic head with a knife, sprinkle salt over it and bake for 30 minutes, wrapped in aluminum foil

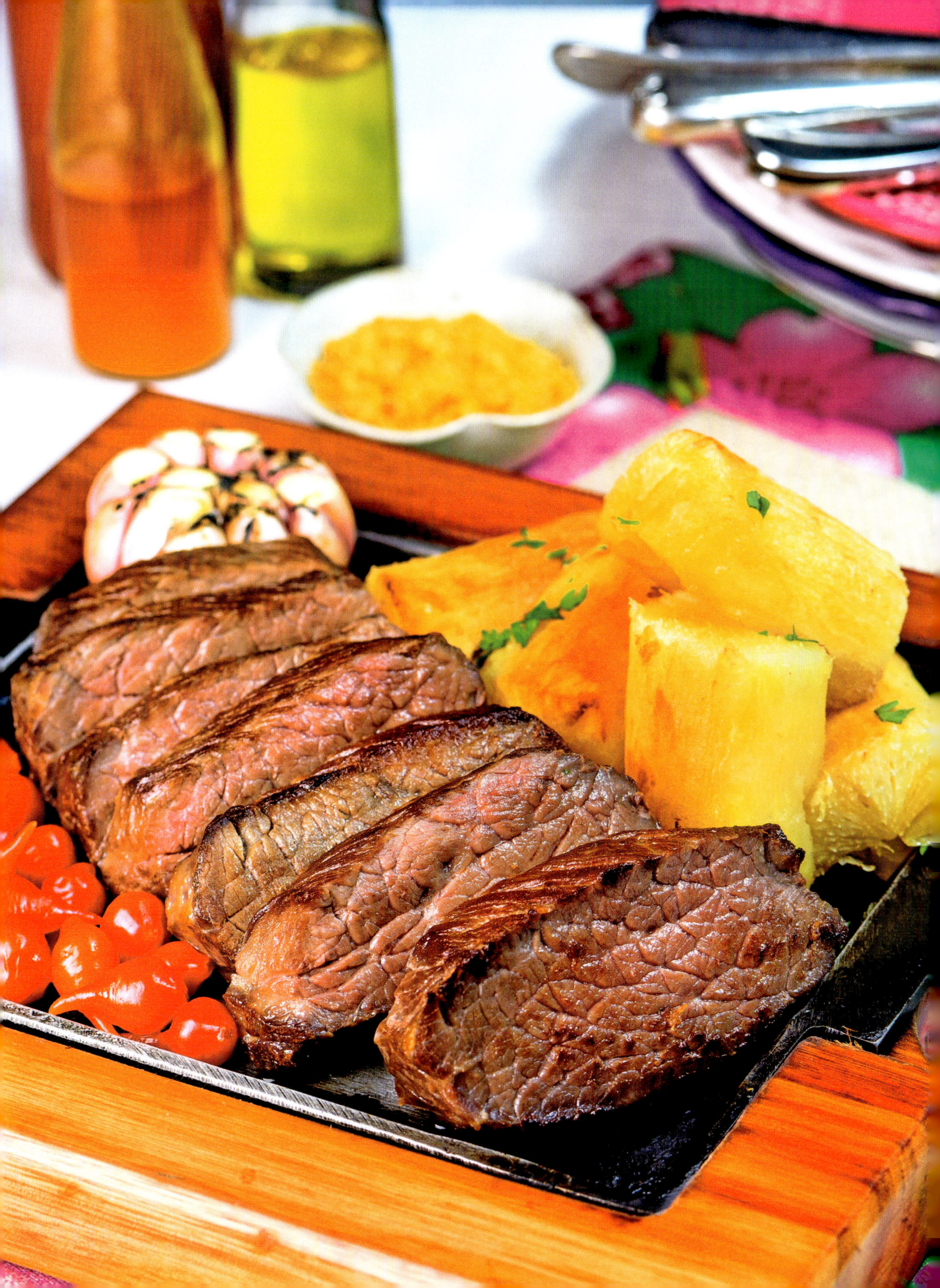

CASQUINHA DE SIRI
STUFFED CRAB SHELLS

rendimento: **8 porções** makes: **8 portions**
tempo de preparo: **1 hora** ready in: **1 hour**

ingredientes

- 500 g de carne de siri lavada e bem escorrida
- 1 cebola pequena ralada • 2 tomates picados
- 1 copo (americano) de leite de coco • 1 dente de alho picado • 200 g de farinha de rosca • 100 g de queijo parmesão ralado • Azeite extra virgem a gosto • Sal e pimenta do reino a gosto • Suco de 1 limão
- 8 casquinhas de siri para servir

ingredients

- 500 g of crabmeat washed and very well drained • 1 small grated onion
- 2 tomatoes, chopped • 1 cup of coconut milk • 1 clove of garlic, minced • 200 g breadcrumbs • 100 g grated Parmesan cheese • Extra virgin olive oil to taste • Salt and black pepper to taste • Juice of 1 lemon • 8 serving shells

modo de preparo

1. Aqueça o azeite, adicione a cebola e o alho e refogue por cinco minutos em fogo baixo.
2. Adicione a carne de siri, o suco do limão e refogue por mais oito minutos. Acrescente o tomate e cozinhe por dez minutos.
3. Acerte o sal e deixe esfriar.
4. Acrescente a farinha de rosca à mistura. Coloque nas casquinhas e polvilhe parmesão.
5. Leve ao forno alto (250ºC) até gratinar.

directions

1. Heat the olive oil, add onion and garlic and sauté for five minutes over low heat. **2.** Add the crabmeat, lemon juice and sauté for another eight minutes. Add the tomato and cook for ten minutes. **3.** Check the salt and let it cool. **4.** Add the breadcrumbs to the mixture. Fill the shells and sprinkle the Parmesan cheese. **5.** Bake in the oven (250ºC) until the top browns.

dica/tip

As casquinhas de siri também podem ser servidas em pequenos ramequins ou refratários (desde que possam ir ao forno para gratinar)

Stuffed Crab shells can also be served in small ramekins or ceramic baking dishes (provided they can go to the oven to be browned)

culinária baiana coleção tempero brasileiro

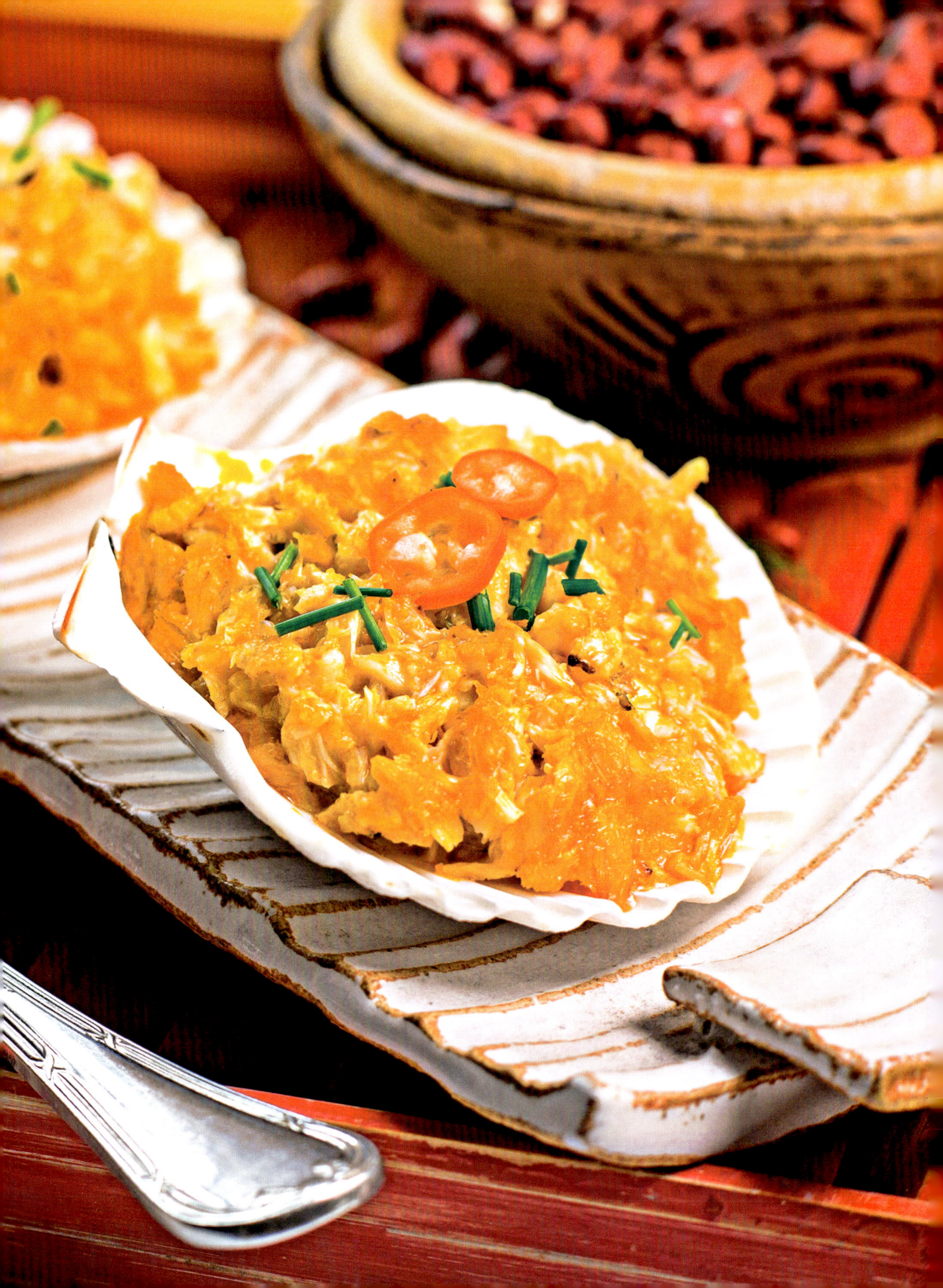

TORRESMO
CRACKLING

rendimento: **10 porções**　　makes: **10 portions**
tempo de preparo: **4h30**　　ready in: **4h30**

ingredientes

- 2 kg de barriga de porco (carnuda) cortada em tiras
- 1 colher (sopa) de bicarbonato de sódio
- 1 colher (sopa) de sal

ingredients

- 2 kg of pork belly, cut into strips
- 1 tablespoon baking soda
- 1 tablespoon salt

modo de preparo

1. Deixe a carne de molho em água com o sal e o bicarbonato diluídos por 3 horas.
2. Escorra e deixe secar bem. Corte do tamanho desejado.
3. Leve ao forno até que comece a corar. Retire e deixe esfriar.
4. Frite em óleo a 180°C até ficar dourado.

directions

1. Soak the meat in water with the salt and the baking soda for 3 hours.
2. Drain and dry thoroughly. Cut to the desired size.
3. Roast until it starts to turn red. Remove and let it cool.
4. Fry in oil at 180 °C until it becomes golden.

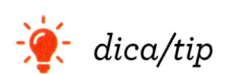

dica/tip

Antes de fritar o torresmo, coloque por cerca de 10 minutos no forno bem quente. Desta forma, a carne perde água e fica ainda mais crocante.

Before frying the crackling, place it for about 10 minutes in the hot oven. By doing this, the meat loses water and becomes even more crunchy.

culinária baiana　coleção tempero brasileiro

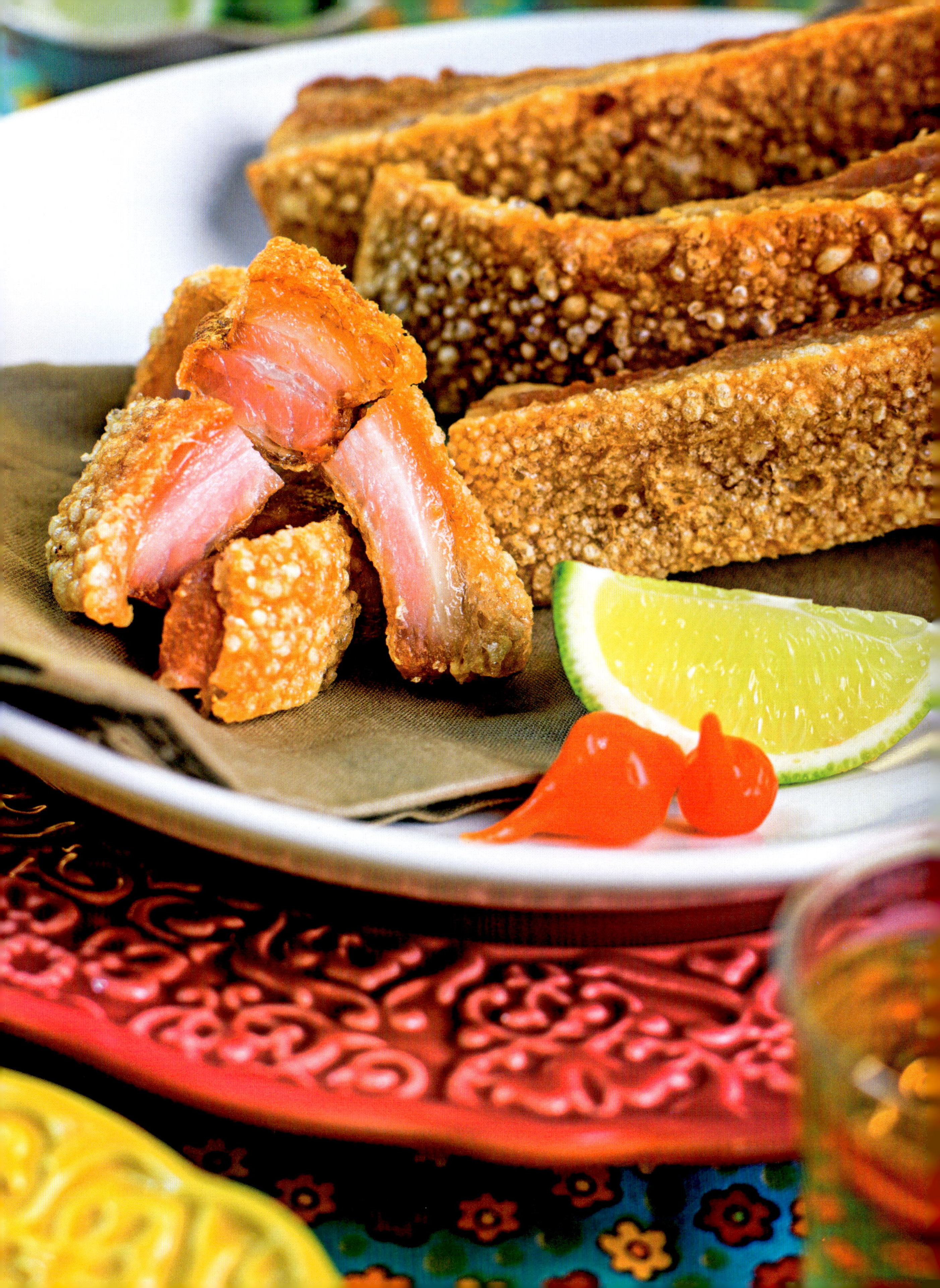

TAPIOCA COM QUEIJO COALHO

TAPIOCA WITH CURD CHEESE

rendimento: **1 porção**
tempo de preparo: **15 minutos**

makes: **1 portion**
ready in: **15 minutes**

ingredientes

- 4 colheres (sopa) de goma pronta de tapioca
- 100 g de queijo coalho
- ½ colher (sopa) de manteiga

ingredients

- 4 tablespoons of ready-made tapioca fresh starch
- 100 g curd cheese
- ½ teaspoon of butter

modo de preparo

1. Em uma frigideira, coloque uma camada fina e homogênea de goma pronta de tapioca. Leve ao fogo médio e deixe aquecer.
2. Coloque o queijo coalho ralado sobre a goma. Vire a tapioca com o queijo para baixo e deixe dourar.
3. Dobre ao meio e passe manteiga por fora. Retire e sirva quente.

directions

1. In a frying pan, place a thin, homogeneous ready-made tapioca fresh starch. Heat it up.
2. Place grated cheese over the tapioca. Turn the tapioca with the cheese side down and let it brown.
3. Fold in half and spread butter on the outside. Remove and serve it warm.

---

dica/tip — A tapioca de queijo coalho é ótimo aperitivo. Sirva cortada em pedaços pequenos. Para incrementar, sirva com um molho de melado de cana-de-açúcar e pimenta

The curd cheese tapioca is a great appetizer. Cut it in small pieces. To make it better, serve with a sauce of sugar cane molasses and pepper.

culinária baiana — coleção tempero brasileiro

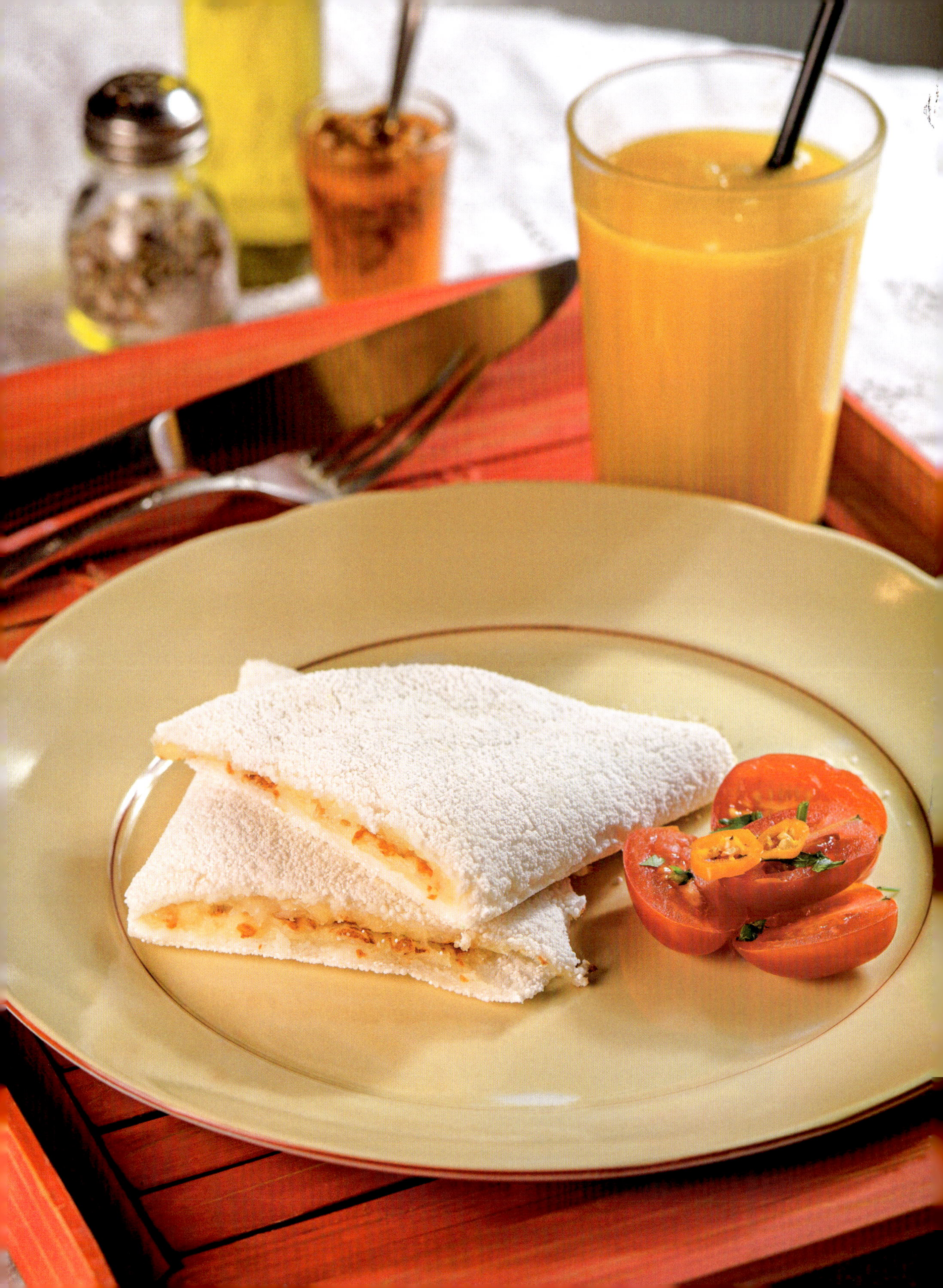

MOLHO PARA INICIANTES
SAUCE FOR BEGINNERS

rendimento: **200 ml**　　makes: **200 ml**
tempo de preparo: **10 minutos**　　ready in: **10 minutes**

ingredientes

- 2 tomates bem vermelhos picados
- 1 cebola picadinha
- Cheiro verde a gosto
- Orégano a gosto
- 3 pimentas malaguetas
- Azeite à vontade
- Sal
- Vinagre

ingredients

- 2 red tomatoes very well chopped
- 1 onion finely chopped
- Parsley to taste
- Oregano to taste
- 3 hot chili peppers
- Olive oil to taste
- Salt
- Vinegar

modo de preparo

1. Num processador, junte a pimenta, o tomate e a cebola. Triture bem.
2. Acrescente o restante dos ingredientes e misture bem.
3. Por último coloque o sal e o vinagre

directions

1. In a food processor, add the pepper, the tomato and the onion. Shred well.
2. Add remaining ingredients and mix well.
3. Finally put the salt and vinegar

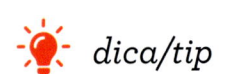

dica/tip

Por ser uma versão mais leve e menos ardida, esse molho também é uma ótima opção para acompanhar saladas e vinagretes

Because this is a lighter and cooler version, this sauce is also a great option to accompany salads and vinaigrette.

CALDINHO DE FEIJÃO
BEAN SOUP

rendimento: **10 porções**   makes: **10 portions**
tempo de preparo: **1 hora**   ready in: **1 hour**

ingredientes

- ½ kg de feijão carioca • 100 g de bacon cortado em cubos • 200 g de costela de porco defumada (dessalgada) • 200 g de linguiça calabresa picada em cubos • 2 talos de alho-poró cortados em rodelas • 4 dentes de alho picados • 1 cebola picada • 2 colheres (sopa) de manteiga • 4 folhas de louro • Sal a gosto • Cheiro-verde a gosto

ingredients

- ½ kg pinto beans • 100 g bacon, diced • 200 g smoked pork rib, desalted • 200 g Italian sausage, diced • 2 stalks leek, sliced • 4 garlic cloves, chopped • 1 onion, chopped • 2 tablespoons butter • 4 bay leaves • Salt to taste • Chives to taste

modo de preparo

1. Em uma panela de pressão, coloque o feijão e a costela com um litro e meio de água e deixe cozinhar em fogo médio por cerca de 40 minutos, até que o feijão fique bem cozido. *2.* Em uma panela média, refogue a cebola, o alho-poró, o alho e as folhas de louro. Acrescente a calabresa e o bacon e deixe dourar. *3.* Junte os ingredientes ao feijão, na panela de pressão. Acerte o sal e acrescente o cheiro-verde. *4.* Deixe ferver por mais 10 minutos. *5.* Quando esfriar, bata a mistura no liquidificador. *6.* Sirva quente

directions

1. In a pressure cooker, place the beans and the pork rib in one and a half liter of water and cook over medium heat for about 40 minutes until the beans are well cooked. *2.* In a medium saucepan sauté the onion, leek, garlic and bay leaves. Add the Italian-style sausage and bacon and let them brown. *3.* Add these ingredients to the beans in the pressure cooker. Check the seasoning and add the chives. *4.* Boil for another 10 minutes. *5.* When cool, blend the mixture. *6.* Serve hot

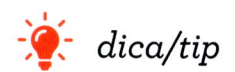

dica/tip

O caldinho de feijão é um ótimo aperitivo para festas. Para isso, sirva pequenas porções em copinhos de cachaça. Molho de pimenta é um ótimo acompanhamento.

Bean soup is a great party appetizer. You can serve small portions in glasses of cachaça. Pepper sauce is a great accompaniment.

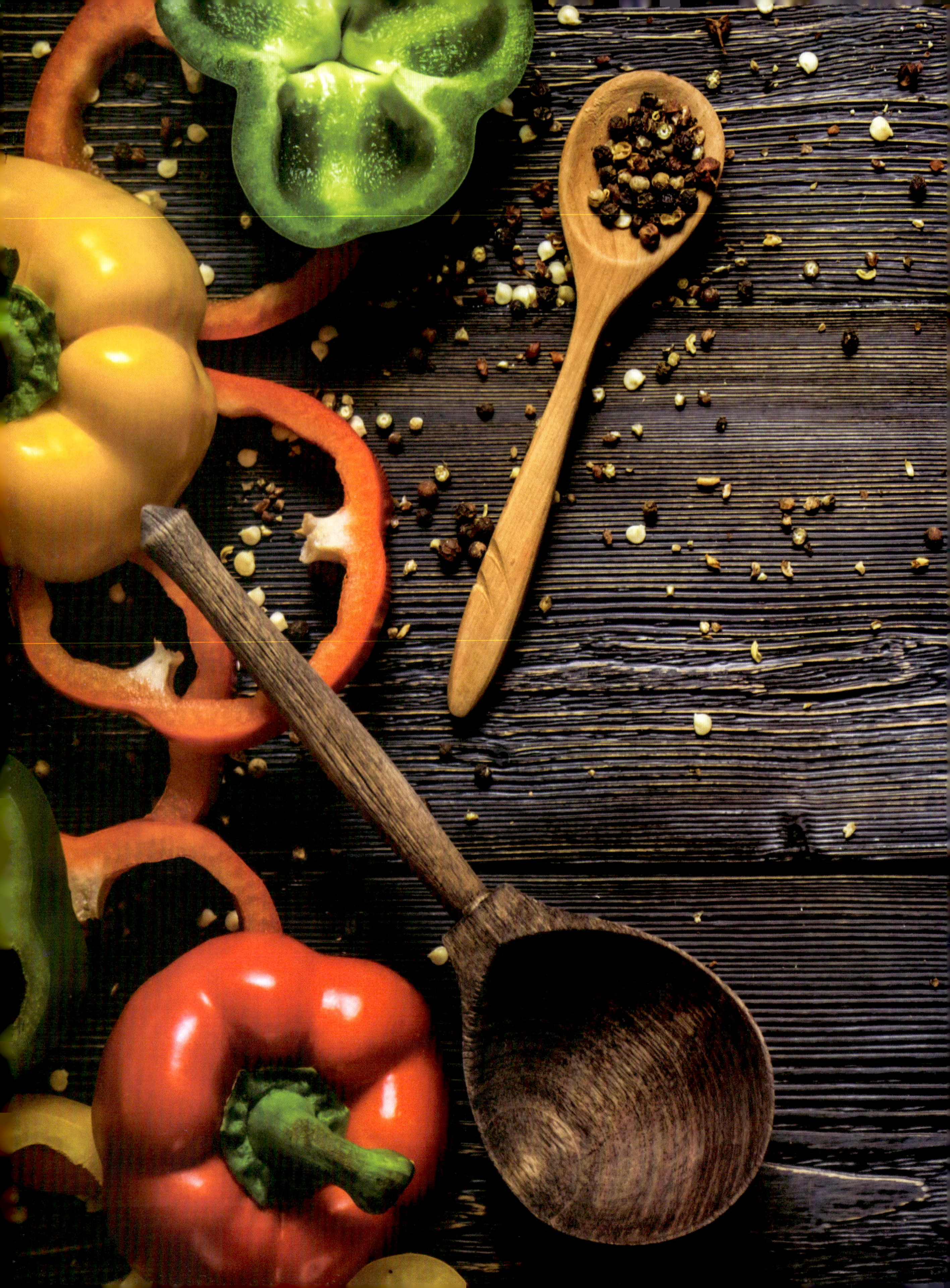

Muito bem acompanhado

REALLY WELL ACCOMPANIED

Está enganado quem pensa que um acompanhamento é um mero coadjuvante. Aqui você encontra receitas indispensáveis para um cardápio de sucesso

Anyone who thinks that a side dish is merely a supporting role is mistaken. Here you find essential recipes for a successful menu.

CARURU

CARURU

rendimento: **6 porções** makes: **6 portions**
tempo de preparo: **40 minutos** ready in: **40 minutes**

ingredientes

- 500 g de quiabo lavado e picado
- 100 g de gengibre
- 100 ml de dendê
- ½ maço de coentro
- 4 cebolas
- Suco de 4 limões
- Sal

ingredients

- 500 g okra, washed and chopped
- 100 g ginger
- 100 ml palm oil
- ½ bunch cilantro
- 4 onions
- Juice of 4 lemons
- Salt

modo de preparo

1. Bata no liquidificador o gengibre, o coentro e a cebola, fazendo uma pasta. Junte a mistura ao quiabo e acrescente o suco de limão, o dendê e o sal.
2. Cozinhe em fogo baixo, mexendo levemente para não criar baba, até o quiabo ficar macio.

directions

1. Beat the ginger, the cilantro and the onion in the blender, making a paste. Add the mixture to the okra and add the lemon juice, palm oil and salt.
2. Cook over low heat, stirring gently in order not to let it slime, until the okra gets soft.

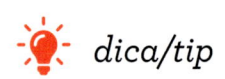

dica/tip

O cozido de quiabo serve de acompanhamento para acarajé ou abará e também combina muito bem com carne, frango e camarão, principalmente seco

The okra stew can be a side dish to acarajé or abará and also goes very well with beef, chicken and dried shrimp.

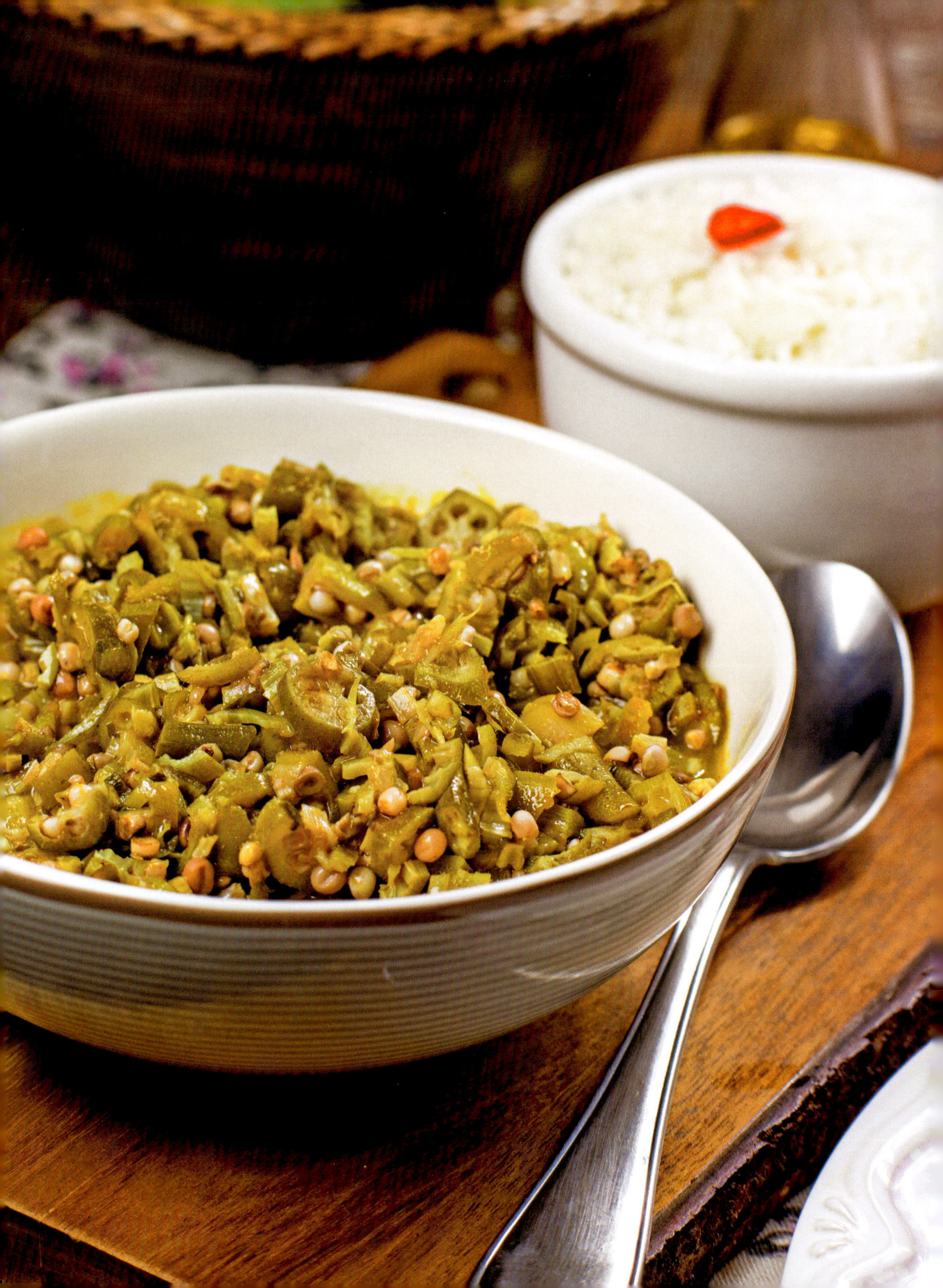

FAROFA DE BANANA-DA-TERRA
PLANTAIN FAROFA

rendimento: **6 porções**
tempo de preparo: **10 minutos**

makes: **6 portions**
ready in: **10 minutes**

ingredientes

- 3 bananas-da-terra maduras • ½ kg de farinha de mandioca • 1 cebola média picada • 3 colheres (sopa) de manteiga • 1 linguiça calabresa defumada picada • 1 alho-poró fatiado • Óleo para fritar as bananas

ingredients

- 3 ripe plantains • ½ kg cassava flour • 1 medium onion, chopped • 3 tablespoons butter • 1 smoked Italian-style sausage, minced • 1 sliced leek • Oil for frying the plantains

modo de preparo

1. Descasque as bananas e corte em cubos pequenos.
2. Em uma frigideira, coloque um pouco de óleo e frite as bananas até que fiquem douradas.
3. Na mesma panela, acrescente a manteiga, a linguiça, a cebola e o alho-poró, mexendo bem.
4. Adicione a farinha e misture para incorporar os outros ingredientes.

directions

1. Peel the plantains and cut into small cubes. **2.** In a frying pan, add a little oil and fry the plantains until they are golden brown. **3.** In the same pan, add the butter, sausage, onion and leek, stirring well. **4.** Add the flour and mix to incorporate all the ingredients.

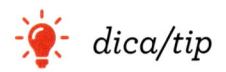

dica/tip

A farofa de banana é um ótimo acompanhamento para pratos com peixe: como a moqueca de frutos do mar, por exemplo.

The plantain farofa is a great side dish for fish dishes, such as the seafood moqueca.

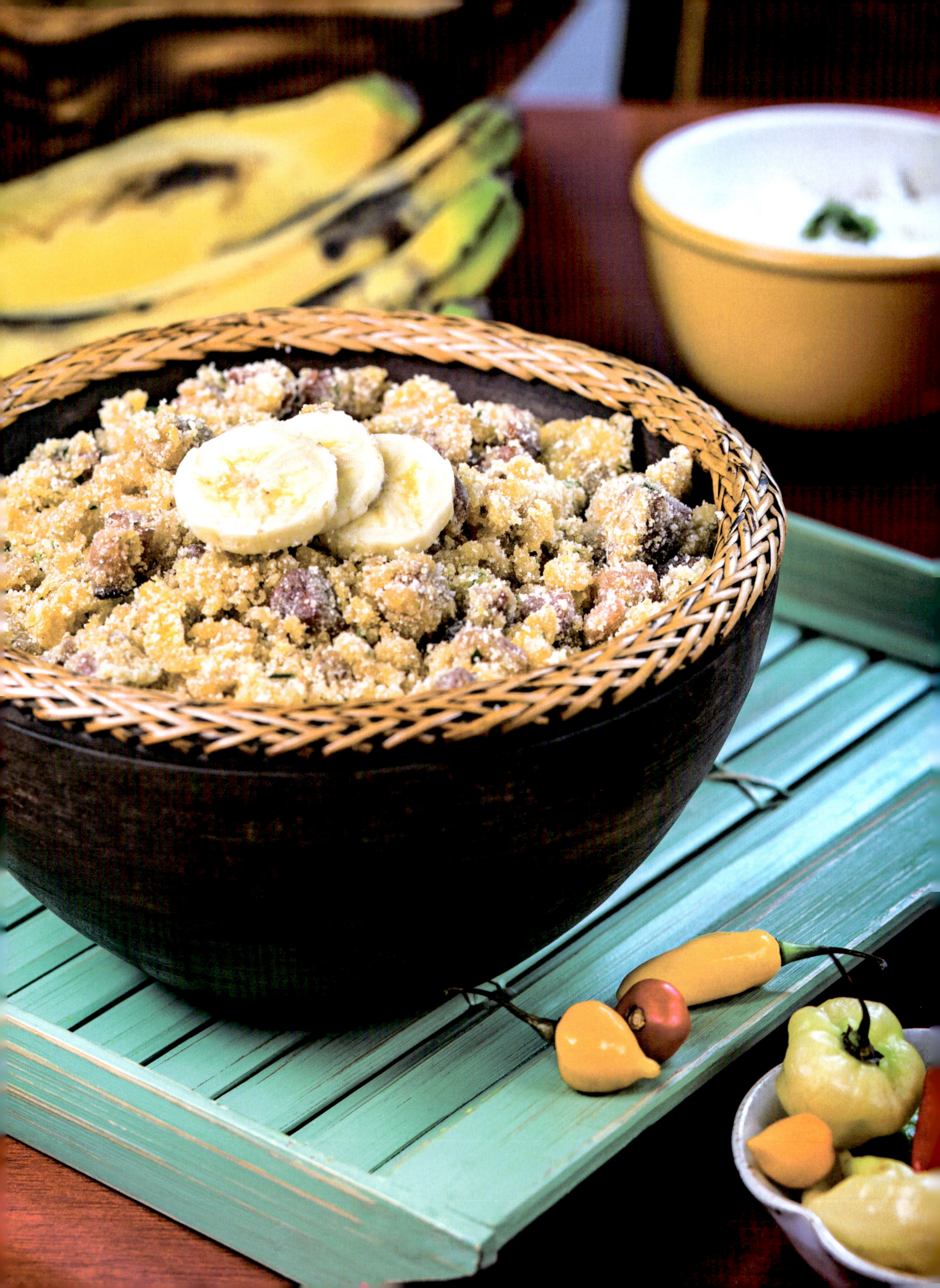

FAROFA DE FEIJÃO FRADINHO

BLACK-EYED BEANS FAROFA

rendimento: **8 porções**　makes: **8 portions**
tempo de preparo: **25 minutos**　ready in: **25 minutes**

ingredientes

- 500 g de feijão fradinho • 100 g de bacon • 100 g de linguiça calabresa • 1 talo de alho-poró picado • 1 cebola picada • 250 g de farinha de milho • 1 e ½ colher (sopa) de manteiga • Cheiro-verde a gosto • Sal a gosto

ingredients

- 500 g black-eyed beans • 100 g bacon • 100 g Italian-style sausage • 1 stalk of chopped leek • 1 chopped onion • 250 g corn flour • 1 and ½ tablespoon butter • Parsley to taste • Salt to taste

modo de preparo

1. Em uma panela de pressão, coloque o feijão para cozinhar com um litro e meio de água por 10 minutos, retire, escorra e reserve.
2. Em uma panela, refogue o bacon, o alho-poró, a cebola e a calabresa.
3. Por fim, acrescente a farinha de milho, o feijão e o cheiro verde mexendo suavemente.
4. Acerte o sal.

directions

1. In a pressure cooker, place the beans to cook with a liter and a half of water for 10 minutes. Drain and set aside.
2. In a pan, sauté the bacon, leek, onion and sausage.
3. Finally, add the corn flour, beans and parsley stirring gently.
4. Check the salt.

dica/tip

Para um sabor mais marcante, use manteiga de garrafa no lugar na manteiga tradicional. Se quiser uma farofa mais seca, deixe a farinha por mais tempo no fogo.

For a more pronounced flavor, use bottle butter (or ghee) instead of the traditional butter. If you want a drier farofa, leave the flour longer on the fire.

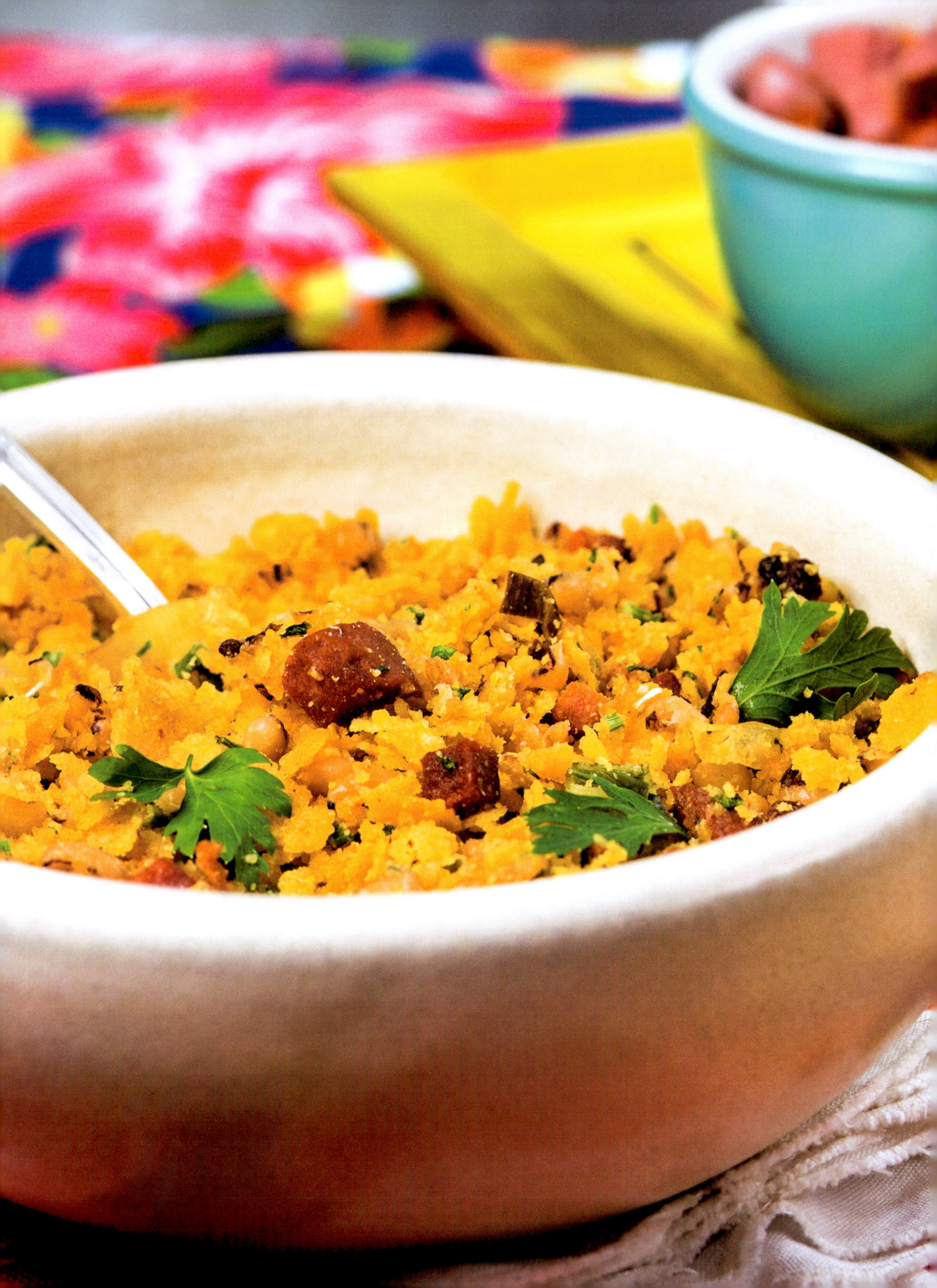

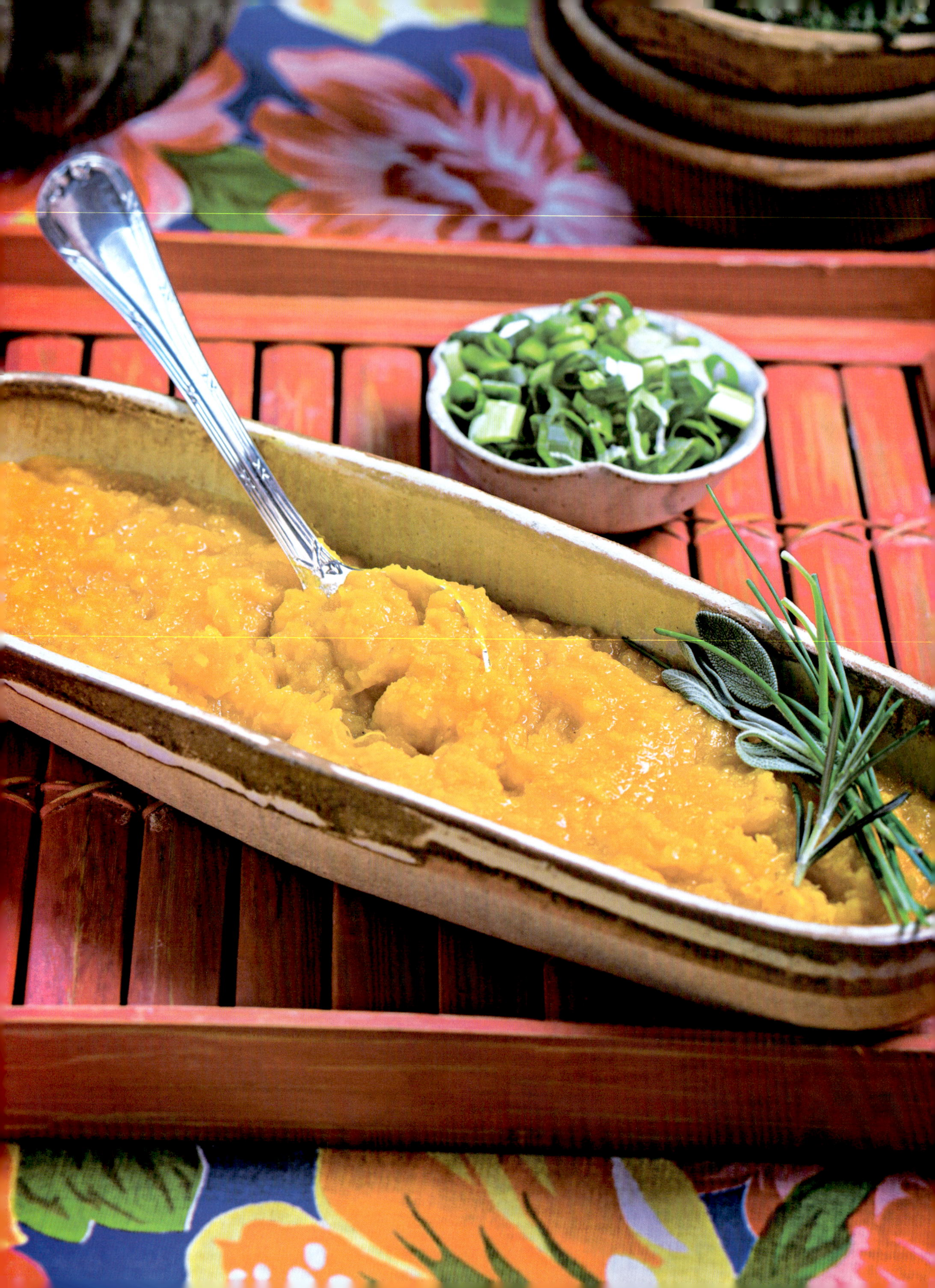

QUIBEBE
QUIBEBE (SAUTÉED PUMPKIN)

rendimento: **6 porções**
tempo de preparo: **40 minutos**

makes: **6 portions**
ready in: **40 minutes**

ingredientes

- 1 kg de abóbora cortada em cubos de 3 cm
- 4 dentes de alho bem picados
- 1 cebola média ralada
- 2 colheres (sopa) de cheiro-verde picado
- 6 colheres (sopa) de azeite
- 1 colher (sopa) de manteiga
- Sal e pimenta-do-reino

ingredients

- 1 kg pumpkin, cut into cubes of 3 cm
- 4 garlic cloves, finely chopped
- 1 medium grated onion
- 2 tablespoons parsley, chopped
- 6 tablespoons olive oil
- 1 tablespoon butter
- Salt and black pepper

modo de preparo

1. Cozinhe a abóbora até que fique macia, mas firme.
2. Aqueça uma panela grande e coloque o azeite, a manteiga, cebola e o alho. Refogue por 6 minutos.
3. Adicione abóbora cozida, o sal e a pimenta-do-reino. Misture e, com uma colher grande, vá amassando para que fique no ponto de purê.
4. Desligue o fogo, acrescente a salsinha e cebolinha e sirva.

directions

1. Cook the pumpkin until it is tender, but firm. **2.** Heat a large saucepan and place olive oil, butter, onion and garlic. Sauté for 6 minutes. **3.** Add the cooked pumpkin, salt, and black pepper. Mix and with a large spoon, mash to the puree point. **4.** Turn off the heat, add the parsley and serve.

dica/tip

Uma versão baiana do purê, o quibebe é um ótimo acompanhamento para a carne-seca e a carne-de-sol. Um truque para amassar o quibebe mais rápido e deixá-lo mais homogêneo é passá-lo no processador de alimentos

A Bahia version of the mashed potatoes, the quibebe is a great accompaniment to jerked beef and sun-dried salt beef. Use the food processor to mash the pumpkin and to make it more homogeneous.

PURÊ DE AIPIM
CASSAVA PURÉE

rendimento: **8 porções**
tempo de preparo: **40 minutos**

makes: **8 portions**
ready in: **40 minutes**

ingredientes

- 1 kg de aipim (mandioca)
- 400 g de queijo coalho
- ½ copo de leite
- 100 g de manteiga
- Cheiro-verde para decorar
- Sal a gosto

ingredients

- 1 kg cassava
- 400 g curd cheese
- ½ cup milk
- 100 g butter
- Parsley to garnish
- Salt to taste

modo de preparo

1. Descasque o aipim e limpe tirando o cordão do meio.
2. Coloque na panela de pressão e deixe cozinhar até dar pressão.
3. Corte o queijo coalho em quadradinhos e coloque-o na panela do aipim já cozido.
4. Acrescente a manteiga e misture bastante.
5. Acerte o sal. Finalize com uma folhinha de salsinha.

directions

1. Peel the cassava and remove its middle string. **2.** Place in the pressure cooker and cook until soft. **3.** Cut the curd cheese into squares and place it in the same casserole pan as the cooked cassava. **4.** Add the butter and mix thoroughly. **5.** Season with salt. Finish with a leaf of parsley.

dica/tip

Se a mistura empelotar, não se desespere: é possível acertar o ponto novamente. Para isso, bata o creme no liquidificador com meio copo de leite. Em seguida, leve novamente ao fogo para engrossar, mexendo bem

If the mixture becomes lumpy, do not despair: it is possible to fix it. Put the cream in the blender with half a glass of milk. Then, bring to the heat again to thicken, stirring well.

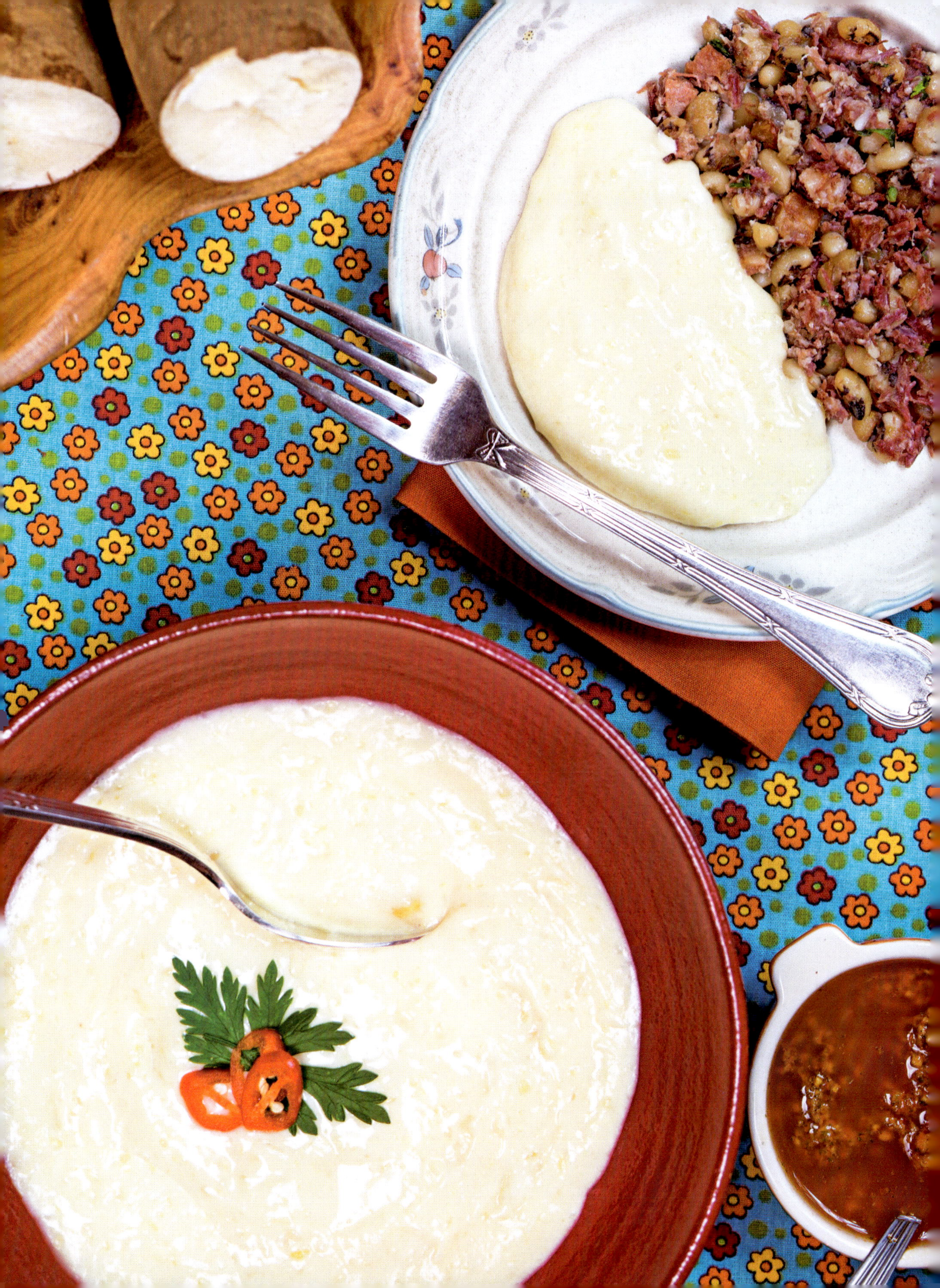

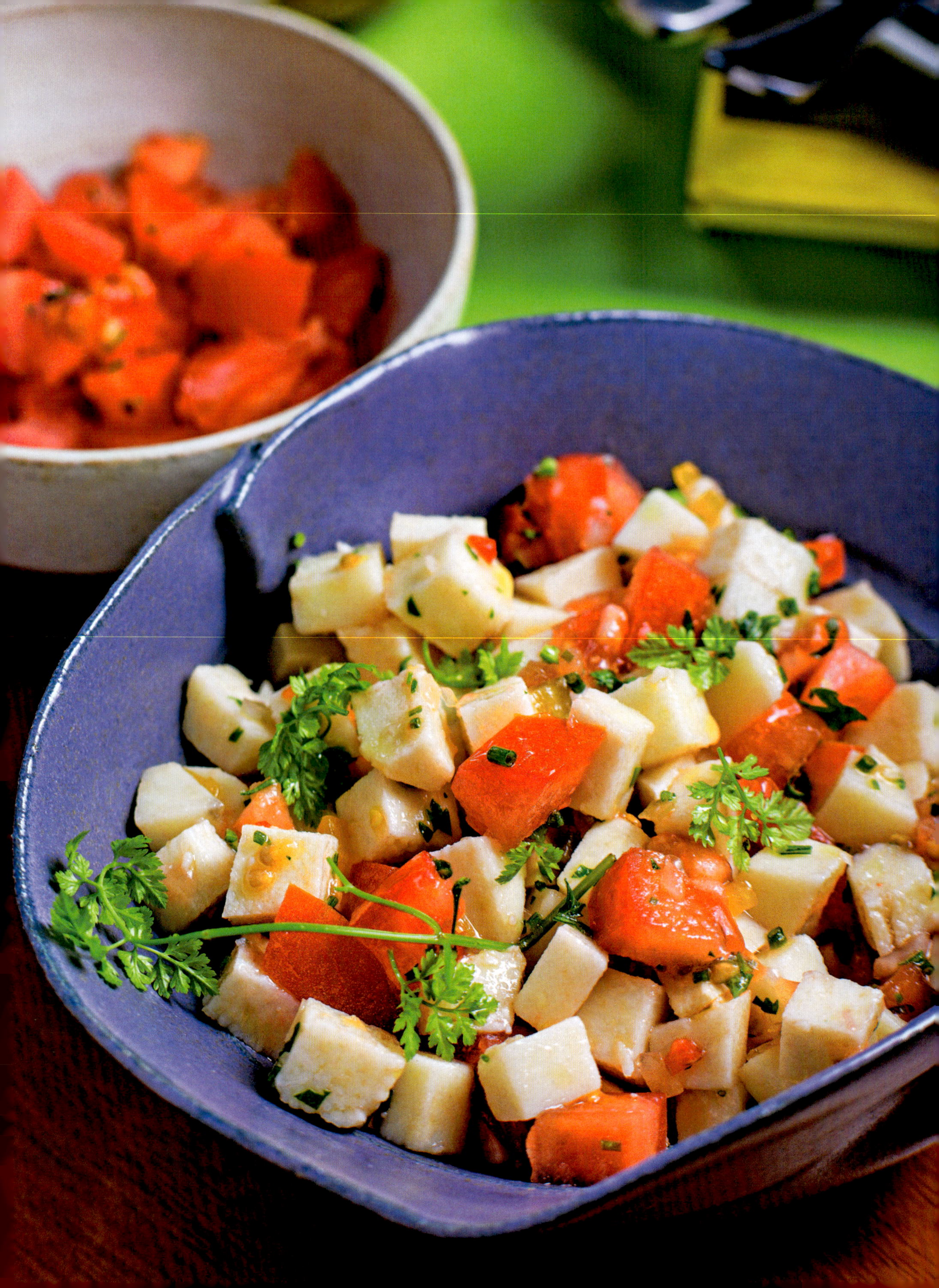

INHAME TEMPERADO

SEASONED YAM

rendimento: **6 porções**
tempo de preparo: **40 minutos**

makes: **6 portions**
ready in: **40 minutes**

ingredientes

- 1 kg de inhame sem casca, cortado em cubos grandes
- 1 litro de água
- Sal a gosto
- 1 tomate cortado em cubos pequenos
- Salsinha a gosto
- Azeite a gosto

ingredients

- 1 kg unpeeled yams, cut into large cubes
- 1 l water
- Salt to taste
- 1 tomato cut into small cubes
- Parsley to taste
- Olive oil to taste

modo de preparo

1. Leve o inhame ao fogo com água suficiente para cobrí-lo.
2. Quando a água levantar fervura, acrescente o sal e deixe cozinhar até que o inhame fique macio.
3. Escorra a água e deixe esfriar. Adicione o tomate e tempere com o azeite e salsinha.

directions

1. Cook the yam with enough water to cover it.
2. When the water boils, add the salt and let it cook until the yam is soft.
3. Drain the water and let it cool. Add the tomatoes and season with olive oil and parsley.

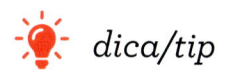

---

dica/tip

O inhame também é uma ótima opção de prato para o café da manhã. Para isso, ele deve ser cozido com água e sal até ficar macio e, depois, passado na manteiga quente

The yam is also a great choice as a breakfast dish. In this case, it should be boiled with water and salt until it is soft and then dipped in hot butter

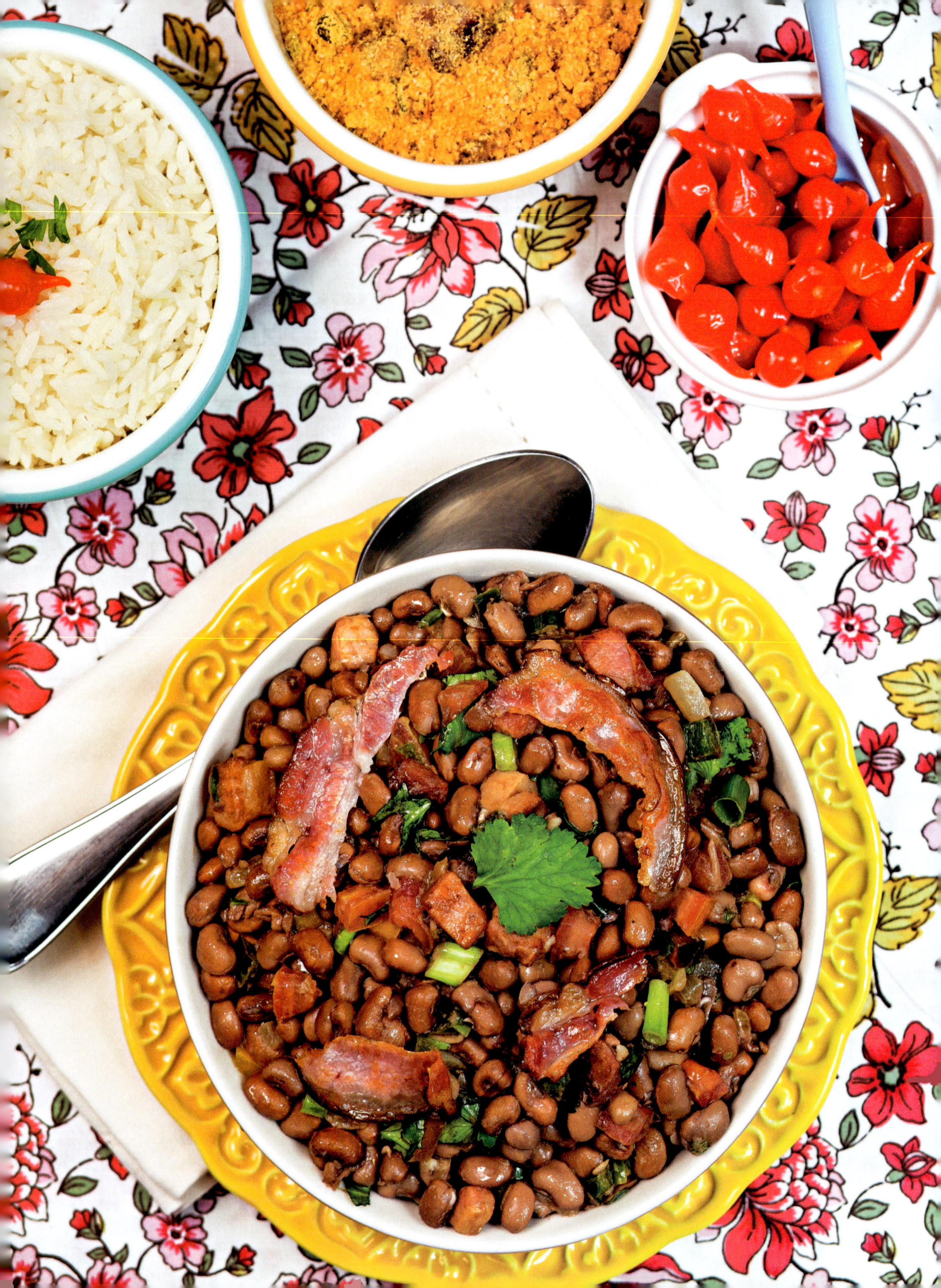

FEIJÃO-DE-CORDA

COWPEA

rendimento: **8 porções**
tempo de preparo: **2h30**

makes: **8 portions**
ready in: **2h30**

ingredientes

- 1 kg de feijão-de-corda
- 1 pimentão verde picado
- 1 cebola picada
- 3 dentes de alho amassados
- 100 g de bacon
- 2 colheres (sopa) de manteiga de garrafa
- Sal a gosto
- Coentro e cebolinha picados

ingredients

- 1 kg cowpeas
- 1 green bell pepper, chopped
- 1 onion, chopped
- 3 cloves of garlic, crushed
- 100 g bacon
- 2 tablespoons bottle butter
- Salt to taste
- Cilantro and chives, chopped

modo de preparo

1. Deixe o feijão de molho por duas horas. Escorra a água e coloque para cozinhar na panela de pressão. Quando começar a pegar pressão (o feijão deve estar macio), desligue o fogo, escorra a água e reserve o feijão. **2.** Numa caçarola, frite o bacon na manteiga de garrafa até dourar. **3.** Acrescente o pimentão, a cebola e o alho. Deixe refogar. **4.** Por fim, coloque o feijão e mexa bem. **5.** Corrija o sal e polvilhe o coentro e a cebolinha.

directions

1. Soak the cowpeas for two hours. Drain the water and cook in the pressure cooker. When it starts to get pressure (the beans must be soft), turn off the fire, drain the water and set aside the cowpeas. **2.** In a casserole pan, fry the bacon in the butter until it is golden brown. **3.** Add the bell pepper, onion, and garlic. Sauté. **4.** Finally, place the beans and stir well. **5.** Check the salt, sprinkle the cilantro and chives.

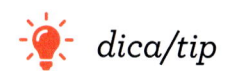

dica/tip

Use bacon cortado em fatias bem finas para decorar o prato. O feijão-de-corda é um ótimo acompanhamento para a carne-de-sol (ver página 106) e para a carne-seca (ver página 110)

Use thin-cut bacon to decorate the dish. Cowpeas are a great accompaniment to sun-dried salt beef (see page 106) and to jerked beef (see page 110)

coleção tempero brasileiro · **culinária baiana**

VATAPÁ

VATAPÁ

rendimento: **6 porções**
tempo de preparo: **40 minutos**

makes: **6 portions**
ready in: **40 minutes**

ingredientes

- 12 pães amanhecidos
- 50 g de castanha de caju
- 50 g de amendoim torrado e sem casca
- 100 ml de dendê
- 2 colheres (sopa) de gengibre ralado
- Sal

ingredients

- 12 one-day old bread rolls,
- 50 g cashew nuts
- 50 g peanuts, roasted and shelled
- 100 ml palm oil
- 2 tablespoons ginger, grated
- Salt

modo de preparo

1. Amoleça os pães com um pouco de água e bata com as castanhas, o amendoim, o gengibre e o sal até ficar homogêneo.

2. Coloque em uma panela para cozinhar, acrescente o dendê e cozinhe em fogo baixo, mexendo muito, até soltar do fundo da panela.

directions

1. Soften the bread rolls with a little water and beat with the nuts, peanuts, ginger and salt until it gets homogeneous.

2. Put in a saucepan to cook, add the palm oil and cook over low heat, stirring, until it loosens from the bottom of the pan.

dica/tip

Além de ser recheio de acarajé, o vatapá pode ser servido com camarões, peixes e frango, acompanhado de arroz

Besides being an acarajé and vatapá filling, it can be served with prawns, fish, and chicken, and rice.

FAROFA DE DENDÊ
PALM OIL FAROFA

rendimento: **4 porções**
tempo de preparo: **10 minutos**

makes: **4 portions**
ready in: **10 minutes**

ingredientes

- 500 g de farinha de mandioca fina
- 250 ml de azeite de dendê
- 5 dentes de alho picados

modo de preparo

1. Frite o alho no azeite de dendê, com cuidado para que não queime. **2.** Acrescente a farinha e mexa bem, até que fique dourada.

ingredients

- 500 g fine manioc flour
- 250 ml palm oil
- 5 cloves of garlic, minced

directions

1. Fry the garlic in the palm oil, being careful not to burn it.
2. Add the flour and stir well until golden.

PIRÃO
PIRÃO

rendimento: **5 porções**
tempo de preparo: **10 minutos**

makes: **5 portions**
ready in: **10 minutes**

ingredientes

- 1 litro de leite
- 2 colheres (sopa) de manteiga
- ½ kg de farinha de mandioca
- Sal e pimenta-do-reino a gosto

modo de preparo

1. Em uma panela, derreta a manteiga. **2.** Acrescente o leite e, na sequência, a farinha de mandioca. **3.** Mexa bem para que não empelote, cozinhando até que se forme um creme consistente. **4.** Acerte o sal e a pimenta.

ingredients

- 4 cups milk
- 2 tablespoons butter
- ½ kg of cassava flour
- Salt and black pepper to taste

directions

1. In a pan, melt the butter. **2.** Add the milk and then the cassava flour. **3.** Stir well to avoid lumps, cooking until it achieves a creamy consistency. **4.** Season with salt and pepper.

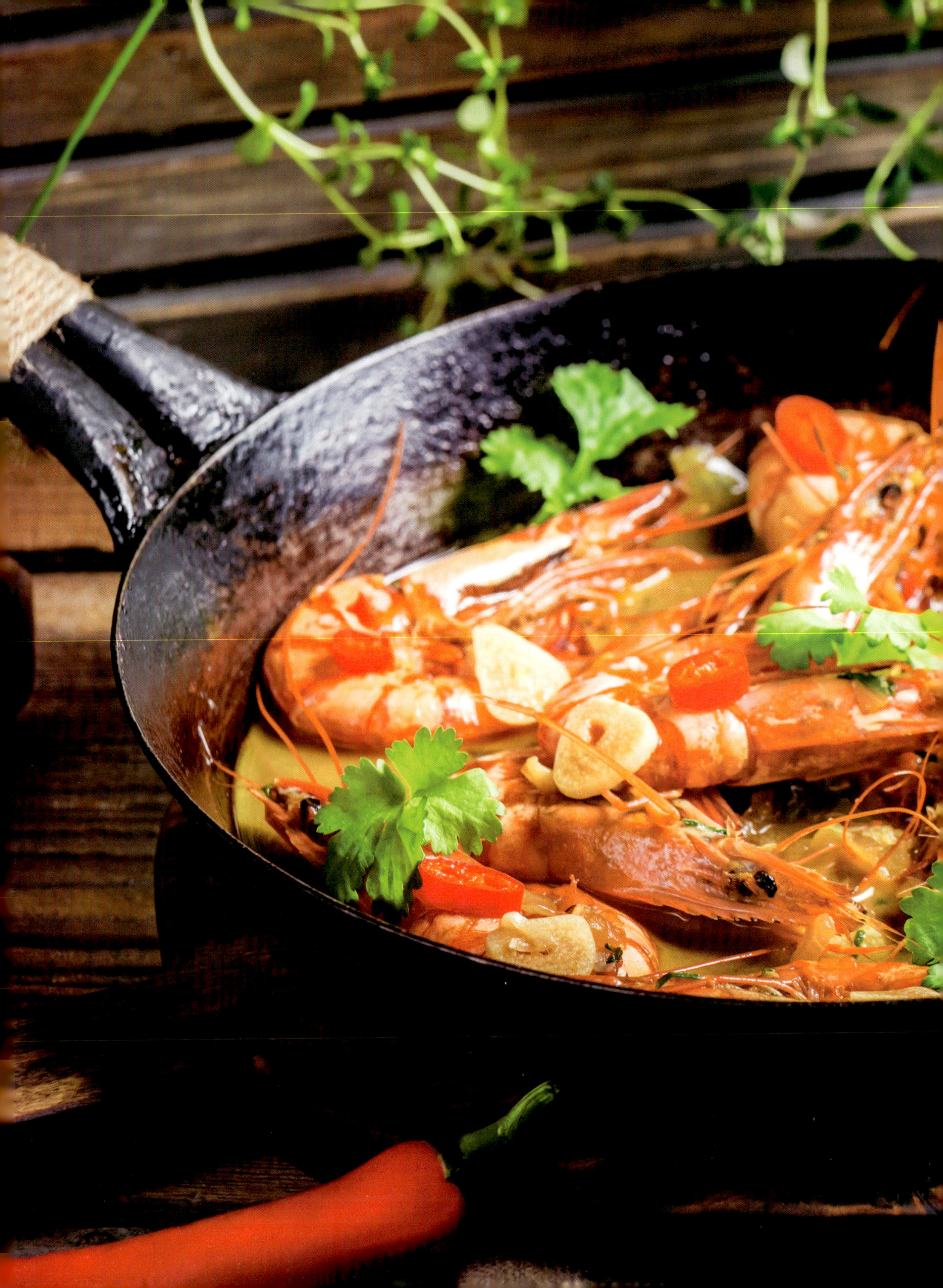

Pratos para reis e rainhas

DISHES FOR KINGS AND QUEENS

Os grandes ícones da cozinha baiana e deliciosas descobertas estão a uma página. Vá fundo e não tema os temperos.

The great icons of the Bahia cuisine and the delicious discoveries are just one page away. Dig deep and do not be afraid of the seasonings.

MOQUECA DE CAMARÃO

SHRIMP MOQUECA

rendimento: **6 porções**
tempo de preparo: **50 minutos**

makes: **6 portions**
ready in: **50 minutes**

ingredientes

- 2 kg de camarões médios limpos e sem casca
- 6 colheres (sopa) de azeite de oliva extra virgem
- 4 dentes de alho picados
- 1 cebola grande cortada em rodelas
- Sal e pimenta-do-reino a gosto
- ½ pimentão vermelho cortado em rodelas
- ½ pimentão amarelo cortado em rodelas
- ½ pimentão verde cortado em rodelas
- 3 tomates maduros cortados em rodelas
- 300 ml de leite de coco
- 4 xícaras (chá) de água
- 8 colheres (sopa) de azeite de dendê
- Coentro picado a gosto
- Cebolinha cortada em tiras bem finas

ingredients

- 2 kg medium shrimps, cleaned and shelled
- 6 tablespoons extra virgin olive oil
- 4 cloves of garlic, chopped
- 1 large onion, sliced
- Salt and black pepper to taste
- ½ red bell pepper, sliced
- ½ yellow bell pepper, sliced
- ½ green bell pepper, sliced
- 3 ripe tomatoes, sliced
- 300 ml coconut milk
- 4 cups water
- 8 tablespoons palm oil
- Chopped cilantro to taste
- Chives cut into very thin strips

modo de preparo

1. Aqueça uma panela de barro até ficar bem quente.
2. Coloque o azeite de oliva, o alho, a cebola, o sal, a pimenta--do-reino e refogue bem por uns três minutos.
3. Coloque os pimentões, os tomates e os camarões. Adicione mais um pouco de sal e pimenta-do-reino, com o leite de coco, a água e o azeite de dendê.
4. Quando levantar fervura, adicione o coentro e tampe a panela. Deixe ferver por mais alguns minutos.
5. Sirva com arroz branco e decore com cebolinha.

directions

1. Heat a clay pot until it is very hot.
2. Heat the olive oil, garlic, onion, salt, and sauté well for about three minutes.
3. Add the peppers, tomatoes and shrimps. Add a little more salt and pepper, with the coconut milk, water and palm oil.
4. Bring to boil, add the cilantro and cover the pan. Let it boil for a few more minutes.
5. Serve with white rice and garnish with chives.

dica/tip

Tradicionalmente, a panela de barro é a mais adequada para fazer a moqueca. Entretanto, na falta dela, é possível adaptar, utilizando uma panela mais grossa e que mantenha o calor do cozimento

Traditionally, the clay pot is the most suitable recipient to make the moqueca. However, if you don't have one, you can use a thick-bottomed pan to maintain the heat of cooking.

culinária baiana coleção tempero brasileiro

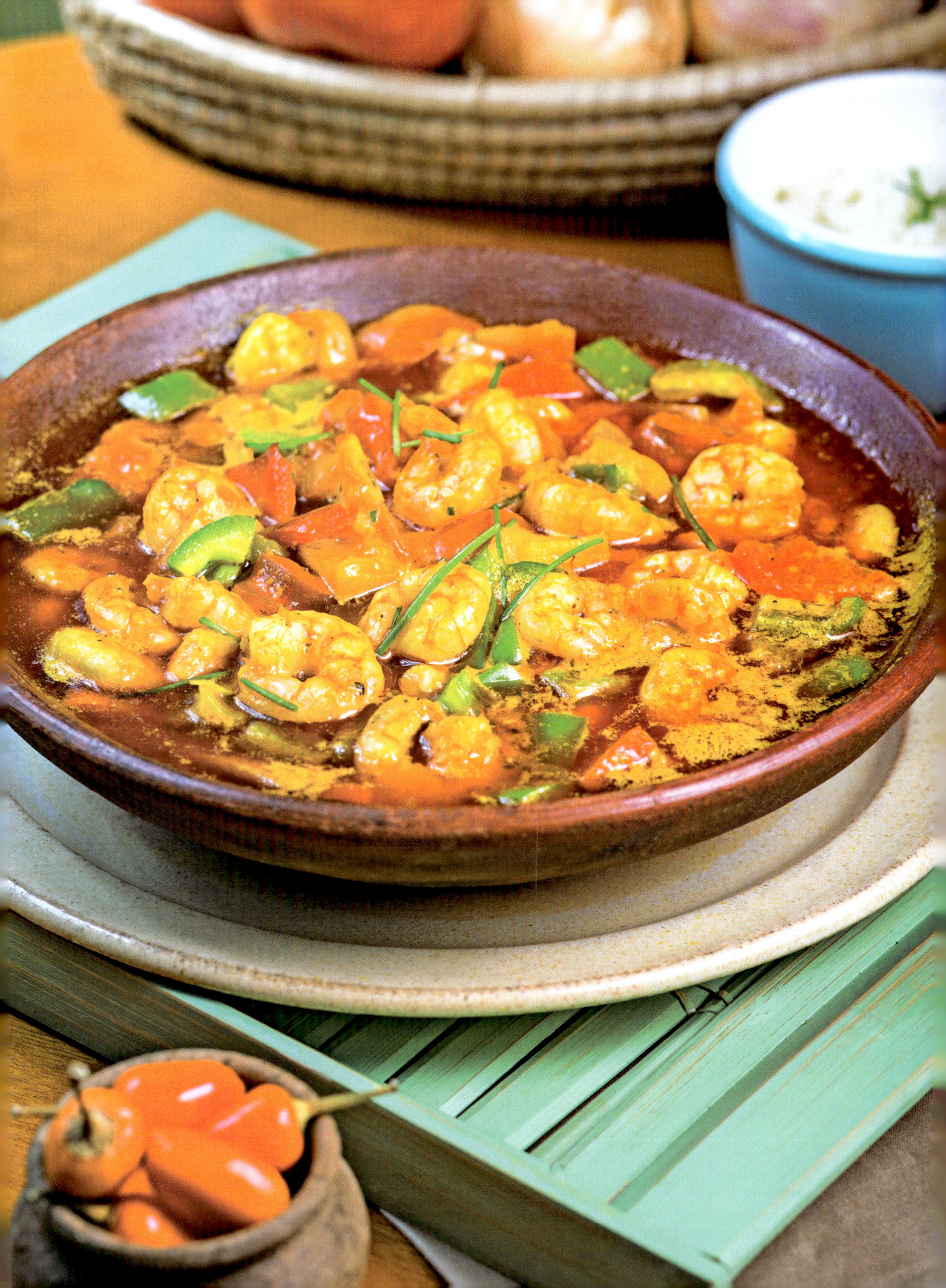

Para acompanhar a moqueca, prepare um pirão, utilizando a cabeça e o rabo do peixe, cozidos junto com os mesmos temperos da moqueca. Quando estiver bem cozido, passe por uma peneira e retorne à panela, acrescentado farinha de mandioca crua, mexendo bem. Acerte o sal e sirva.

Prepare a pirão to serve alongside the moqueca, using the head and the tail of the fish, cooked together with the same seasoning as the stew. When it is ready, sieve it and return to the pan, adding raw cassava flour, stirring well. Check the seasoning and serve

MOQUECA DE XARÉU

TREVALLY MOQUECA

rendimento: **6 porções** makes: **6 portions**
tempo de preparo: **1h30** ready in: **1h30**

ingredientes

- 1 kg de xaréu em postas (ou outro peixe branco)
- 1 cebola em rodelas • 2 tomates em rodelas
- Suco de 1 limão • Azeite de oliva a gosto • 1 copo (americano) de leite de coco • 1 colher (sopa) de urucum ou colorau • 2 dentes de alho • Sal e pimenta-do-reino moída na hora a gosto • Coentro a gosto
- Cebolinha a gosto • 10 camarões limpos e sem cabeça

ingredients

- 1 kg trevally steaks (or other white fish) • 1 sliced onion • 2 sliced tomatoes • 1 lemon juice • Olive oil to taste • 1 cup of coconut milk
- 1 tablespoon of annatto or paprika
- 2 garlic cloves • Salt and freshly ground black pepper to taste • Cilantro to taste • Chives to taste • 10 shrimps, cleaned and headless

modo de preparo

1. Deixe o peixe em uma vasilha com sal e o suco de um limão, dentro da geladeira, por pelo menos uma hora. *2.* Em uma de barro (ou uma grossa e funda), coloque o azeite, o alho, da cebola, dos tomates e do colorau e deixe refogar por cerca de dez minutos. *3.* Depois, cubra com coentro e cebolinha picados. *4.* Enxugue as postas de peixe e arrume por cima, fazendo depois uma nova camada de coentro e cebolinha. *5.* Coloque o leite de coco e acrescente água até cobrir os ingredientes. Adicione o sal e deixe cozinhar em fogo brando. *6.* Refogue os camarões em azeite. *7.* Quando começar a ferver, acrescente algumas gotas de limão. Tampe a panela. Espere por 10 minutos, acerte o sal e a pimenta-do-reino e sirva. *8.* Decore com os camarões e sirva.

directions

1. Place the fish in a bowl with salt and the juice of one lemon, inside the refrigerator for at least one hour. *2.* In a clay pot (or a thick and deep pot), put the olive oil, garlic, onion, tomatoes and paprika and sauté for about ten minutes. *3.* Then cover with chopped cilantro and chives. *4.* Dry the fish steaks and put over this mixture, adding a new layer of cilantro and chives. *5.* Add the coconut milk and water to cover the ingredients. Add salt and simmer over medium heat. *6.* Sauté the shrimps in olive oil. *7.* When it starts to boil, add a few drops of lemon. Cover the pan. Wait for 10 minutes and then correct the seasoning. *8.* Decorate with shrimps and serve.

BOBÓ DE CAMARÃO

SHRIMP BOBÓ

rendimento: **8 porções**
tempo de preparo: **1h20**

makes: **8 portions**
ready in: **1h20**

ingredientes

- 1 kg de camarões frescos
- 1 kg de mandioca descascada e cozida
- 6 colheres (sopa) de azeite de dendê
- 6 colheres (sopa) de azeite de oliva
- 400 ml de leite de coco
- 1 cebola ralada
- 3 dentes de alho picados e amassados
- 1 colher (chá) de gengibre ralado
- Suco de 1 limão
- Sal a gosto
- Pimenta-do-reino a gosto
- Coentro a gosto

ingredients

- 1 kg fresh shrimps
- 1 kg cassava, cooked and peeled
- 6 tablespoons palm oil
- 6 tablespoons olive oil
- 400 ml coconut milk
- 1 onion, grated
- 3 cloves of garlic, chopped and crushed
- 1 teaspoon ginger, grated
- 1 lemon juice
- Salt to taste
- Pepper to taste
- Cilantro to taste

modo de preparo

1. Limpe os camarões e tempere com sal, um dente de alho, pimenta e limão. Deixe marinar por meia hora dentro da geladeira. **2.** Bata no processador ou amasse com um garfo a mandioca cozida já fria e reserve. **3.** Em uma panela funda, aqueça o azeite de oliva e o dendê, junte a cebola ralada, dois dentes de alho e o gengibre e deixe dourar. Acrescente os camarões e frite. Por último, coloque a mandioca e o leite de coco. Misture bem e deixe ferver por 10 minutos em fogo baixo, mexendo sempre. Acrescente o coentro picado.

directions

1. Clean the shrimps and season with salt, garlic, pepper and lemon. Leave it for half an hour inside the refrigerator. **2.** Beat the cooked and cooled cassava in the processor or mash with a fork, and set aside. **3.** In a deep pan, heat the olive oil and the palm oil, add the grated onion, two cloves of garlic and the ginger and let it brown. Add the shrimp and fry. Finally, place the cassava and the coconut milk. Mix well and boil for 10 minutes over low heat, stirring constantly. Add the chopped cilantro.

dica/tip

Na falta de um processador de alimentos, é possível usar o liquidificador para bater a mandioca. Nesse caso, bata a mandioca junto com o leite de coco, até formar um creme homogêneo

In the absence of a food processor, you can use the blender to beat the cassava. In that case, beat the cassava together with the coconut milk, until it becomes a homogeneous cream

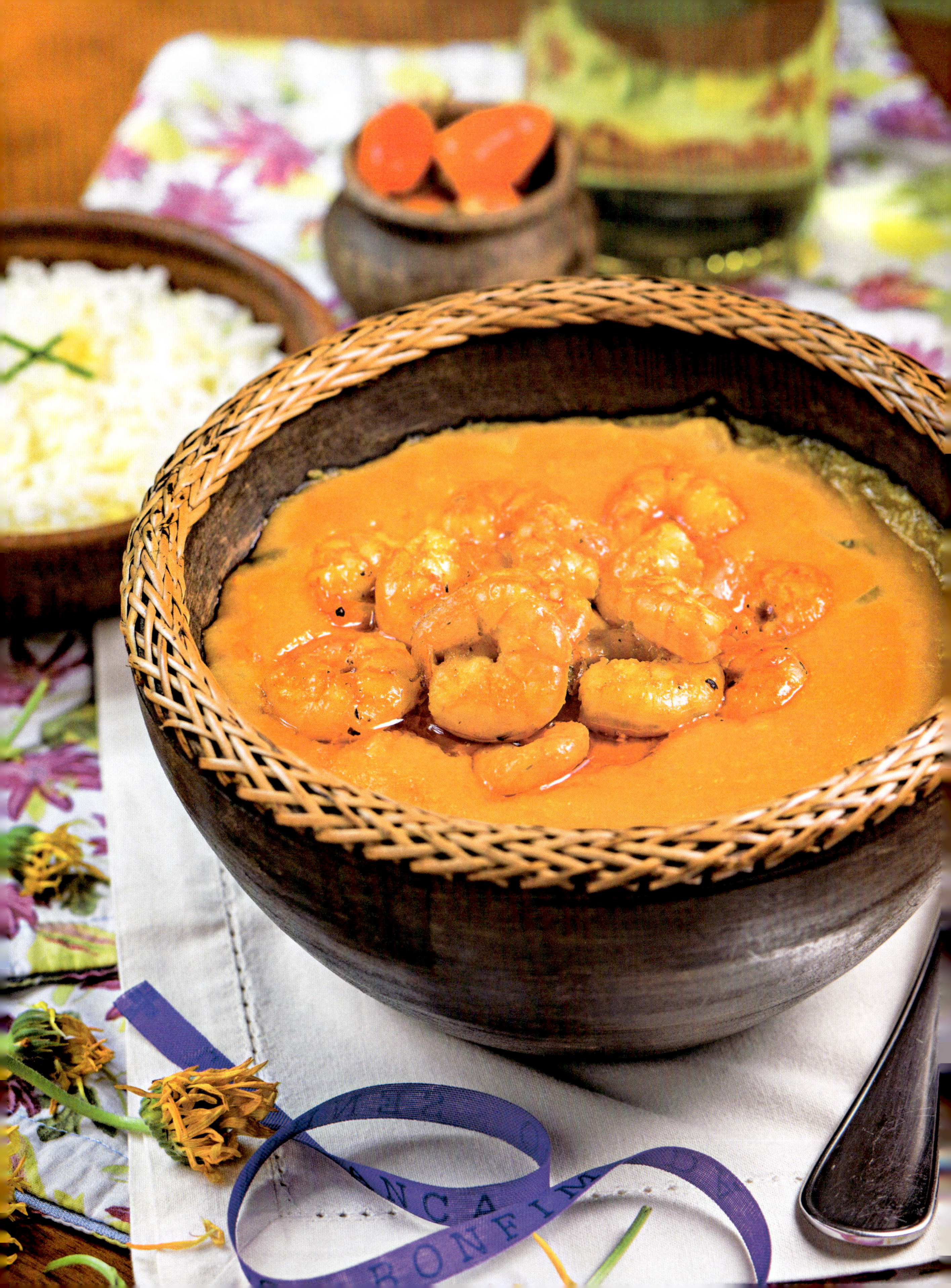

Embora seja um prato bem completo e que normalmente é servido sozinho, o xinxim de galinha também pode ir para a mesa na companhia de arroz branco

Although it is a very complete dish and is usually served on its own, the chicken xinxim can also be served with white rice.

XINXIM DE GALINHA

CHICKEN XINXIM

rendimento: **6 porções**
tempo de preparo: **1h20**

makes: **6 portions**
ready in: **1h20**

ingredientes

- 1 frango inteiro em pedaços • 200 g de camarões secos, descascados e moídos • ½ xícara (chá) de azeite de dendê • ½ xícara (chá) de azeite de oliva • ½ xícara (chá) de castanha de caju moída • ½ xícara (chá) de amendoim torrado e moído • 1 cebola grande picada • 2 tomates picados • 1 colher (sopa) de gengibre ralado • 4 dentes de alho picados • Suco de 1 limão • 2 xícaras (chá) de água • Sal e pimenta-do-reino a gosto • Coentro a gosto

ingredients

- 1 whole chicken, in pieces • 200 g dried shrimp, peeled and ground • ½ cup (tea) palm oil • ½ cup (tea) olive oil • ½ cup (tea) ground cashew • ½ cup peanut, toasted and ground • 1 large onion, chopped • 2 chopped tomatoes • 1 tablespoon grated ginger • 4 cloves of garlic, chopped • Juice of 1 lemon • 2 cups water • Salt and black pepper to taste • Cilantro to taste

modo de preparo

1. Tempere o frango com o alho, o sal, a pimenta-do-reino, o coentro picado e a cebola e reserve na geladeira por 30 minutos para marinar.

2. Em uma panela grande, aqueça o azeite de dendê com o azeite de oliva e refogue os pedaços de frango por 25 minutos, mexendo de vez em quando, até que fiquem macios.

3. Adicione os tomates e deixe fritar mais um pouco. Acrescente à panela os camarões, a castanha, o amendoim, o gengibre, o suco de limão, a água e deixe cozinhar, em fogo baixo, até o frango ficar bem macio. Acerte o sal e sirva.

directions

1. Season the chicken with garlic, salt, pepper, chopped cilantro and onion and put in the refrigerator for 30 minutes.

2. In a large saucepan, heat the palm and olive oil, and sauté the pieces of chicken for 25 minutes, stirring occasionally, until they become tender.

3. Add the tomatoes and fry a little more. Add to the pan the shrimps, the cashews, the peanuts, the ginger, the lemon juice, the water and simmer on low fire until the chicken is tender. Check the salt and serve.

XERÉM COM GALINHA

XERÉM WITH CHICKEN

rendimento: **5 porções**
tempo de preparo: **40 minutos**

makes: **5 portions**
ready in: **40 minutes**

ingredientes

Galinha: • 1 galinha inteira • 1 colher (chá) de colorau • 1 colher (chá) de cominho • 1 cebola cortada em cubos pequenos • 3 tomates cortados em cubos • 1 pimentão verde cortado em cubos • 1 colher (chá) de sal • Pimenta-do-reino a gosto • Coentro e cebolinha a gosto • Pimenta biquinho para decorar
Xerém: • 500 g de canjiquinha • 2 litros de água • 200 g de creme de leite • 1 cebola cortada em cubos • 2 dentes de alho amassados • 20 ml de manteiga de garrafa • 1 colher (chá) de sal

ingredients

Chicken: • 1 whole chicken • 1 teaspoon paprika • 1 teaspoon cumin • 1 onion, diced • 3 tomatoes, diced • 1 green bell pepper, diced • 1 teaspoon salt • Pepper to taste • Cilantro and chives to taste • Biquinho pepper to decorate *Xerém:* • 500 g grits • 8 cups water • 200 g double cream • 1 onion, diced • 2 cloves of garlic, crushed • 20 ml butter-in-a-bottle • 1 teaspoon salt

modo de preparo

Galinha: **1.** Corte a galinha em pedaços pequenos. **2.** Tempere com tomate, cebola, pimentão, colorau, cominho, sal e coentro. **3.** Cozinhe a galinha em panela aberta, acrescentando água aos poucos e mexendo de vez em quando para não grudar, até que a carne esteja macia. Acerte o sal. *Xerém:* **1.** Em uma panela de pressão, coloque os dois litros de água. Quando a água começar a ferver, acrescente a canjiquinha já lavada. **2.** Quando levantar fervura novamente, tampe a pressão. Deixe cozinhar por três minutos (a contar de quando começar a chiar). Desligue o fogo após esse tempo. **3.** Em outra panela, refogue, com a manteiga de garrafa, o alho e a cebola. **4.** Em seguida, acrescente a cebolinha e o creme de leite e mexa bem, até incorporar todos os ingredientes. **5.** Ao final, acrescente a canjiquinha cozida na panela da refoga e misture bem, formando o xerém. **6.** Sirva em pratos fundos, colocando primeiro o xerém e, por cima, a galinha. Decore com pimenta biquinho e salpique coentro picado.

directions

Chicken: **1.** Cut the chicken into small pieces. **2.** Season with tomato, onion, pepper, paprika, cumin, salt and cilantro. **3.** Cook the chicken in an open pan, adding water gradually and stirring occasionally so the mixture won't stick, until the meat is tender. Season with salt. *Xerém:* **1.** Place the water in a pressure cooker. When the water begins to boil, add the already washed grits. **2.** When it boils again, cover the pan. Cook for three minutes (counting from the moment the pan starts sizzling). Turn off the heat. **3.** In another saucepan, sauté the garlic and the onion with the bottle butter. **4.** Then add the chives and the double cream. Stir well until all ingredients are incorporated. **5.** At the end, add the cooked grits in the saucepan and mix well, forming the xerém. **6.** Serve in deep plates, putting the xerém first and topping it with the chicken. Garnish with pepper and sprinkle chopped cilantro.

Se você não é muito fã de cominho e coentro, é possível fazer uma versão da receita utilizando louro e salsinha. Dessa forma, o prato ficará com um sabor bem mais suave.

If you are not a big fan of cumin or cilantro, you can make the recipe using bay leaves and parsley. This way, the dish will have a much softer flavor.

RABADA COM MAXIXE E QUIABO
OXTAIL WITH GHERKIN AND OKRA

rendimento: **5 porções**
tempo de preparo: **1 hora**

makes: **5 portions**
ready in: **1 hour**

ingredientes

- 1 kg de rabo de boi em pedaços • 400 g de maxixe cortado em rodelas • 200 g de quiabo • 2 colheres (chá) de manteiga de garrafa • 2 cebolas grandes • 1 pimentão • 2 tomates • 4 dentes de alho • Sal a gosto • Coentro e cebolinha a gosto • Cominho e colorau a gosto • 3 cebolas picadas

ingredients

- 400 g gherkin, sliced • 200 g okra
- 2 teaspoons bottle butter
- 2 large onions • 1 red bell pepper
- 2 tomatoes • 4 garlic cloves • Salt to taste • Cilantro and chives to taste
- Cumin and paprika to taste
- 3 onions, chopped

modo de preparo

1. Lave os pedaços de rabo com água e vinagre. **2.** Em uma panela de pressão, refogue dois dentes de alho picados e a uma cebola com a manteiga de garrafa. **3.** Acrescente a carne e deixe fritar por cerca de cinco minutos, mexendo bem. **4.** Depois, junte outra cebola, o pimentão e o tomate cortados em cubos e um litro e meio de água. Coloque na mesma panela o cominho e o colorau. Deixe cozinhar por 40 minutos. **5.** Em outra panela, refogue o maxixe e o quiabo com dois dentes de alho, uma cebola em cubos e manteiga de garrafa. **6.** Quando a rabada estiver cozida, acerte o sal e acrescente o maxixe e o quiabo e cozinhe por mais 10 minutos. **7.** Finalize com coentro e cebolinha a gosto.

directions

1. Rinse the oxtail pieces with water and vinegar. **2.** In a pressure cooker, sauté two chopped garlic cloves and an onion in the butter. **3.** Add the meat and fry for about five minutes, stirring well. **4.** Add another chopped onion, the bell pepper and the tomato in cubes and 6 cups of water. Put it in the same pan cumin and paprika. Let it cook for 40 minutes. **5.** In another pan, sauté the gherkin and okra with two garlic cloves, a diced onion in the bottle butter. **6.** When the oxtail is cooked, season with salt, add the gherkin and the okra and cook for 10 minutes. **7.** Finish with cilantro and chives to taste.

Para deixar a rabada mais leve, antes de cozinhar, ferva a carne para que o excesso de gordura se solte. Descarte a água e siga normalmente a receita.

To make the oxtail lighter, boil the meat before cooking to release the excess of fat. Discard the water and follow the recipe.

ARROZ DE HAUÇÁ

HAUÇÁ-STYLE RICE

rendimento: **4 porções**
tempo de preparo: **50 minutos**

makes: **4 portions**
ready in: **50 minutes**

ingredientes

Arroz: • 2 xícaras (chá) de arroz • 1 xícara (chá) de leite de coco • Sal a gosto • 1/4 de xícara (chá) de óleo • 2 dentes de alho amassados • 1 cebola picada
Carne-seca e molho de camarão: • 6 colheres (sopa) de azeite de dendê • 500 g de carne-seca dessalgada • 2 cebolas cortadas em gomos • 300 g de camarão seco

modo de preparo

Arroz: **1.** Cozinhe o arroz ao seu modo. Quando estiver quase pronto, acrescente o leite de coco e o sal. **2.** Mantenha no fogo, mexendo sempre, até ficar bem molhinho. Reserve.
Carne-seca e molho de camarão: **1.** Coloque a carne-seca numa panela de pressão, cubra com água e leve ao fogo alto até começar a chiar. **2.** Abaixe a chama e cozinhe até que a carne fique macia. **3.** Escorra, desfie em tiras e reserve. **4.** Em uma frigideira, aqueça o óleo e refogue a cebola e o alho. Adicione a carne-seca, aos poucos, e frite até dourar. Reserve. **5.** Na mesma frigideira em que fritou a carne-seca, aqueça o dendê e junte a cebola e os camarões. **6.** Refogue por cerca de cinco minutos, em fogo baixo, acrescentando um pouco de água, caso necessário. **7.** Sirva o arroz rodeado com o molho de camarão e a carne-seca.

ingredients

Rice: • 2 cups rice • 1 cup coconut milk • Salt to taste • 1/4 cup tea • 2 garlic cloves crushed • 1 chopped onion
Jerked beef and shrimp sauce: • 6 tablespoons palm oil • 500 g jerked beef, desalted • 2 onions, cut into half rings • 300 g dried shrimp

directions

Rice: **1.** Cook the rice in your preferred method. When it is done, add coconut milk and salt. **2.** Keep the pan over the heat, stirring constantly, until it is soft. Set aside. *Jerked beef and shrimp sauce:* **1.** Place the jerked beef in a pressure cooker and cover with water. Simmer over high heat until the pan starts to sizzle. **2.** Lower the flame and cook until the meat is tender. **3.** Drain, shred in strips and set aside. **4.** In a frying pan, warm the oil and sauté the onion and garlic. Add the jerked meat, gradually, and fry until it gets brown. **5.** In the same frying pan where you fried the meat, heat the palm oil. Add the onion and the shrimp. **6.** Sauté for about five minutes on low heat, adding some water if necessary. **7.** Serve the rice surrounded by the shrimp sauce and the jerked meat.

💡 *Você pode servir os ingredientes separados (e cada pessoa monta em seu prato) ou servir o prato já montado. Para isso, disponha o arroz ao centro do prato, cercado pela carne-seca. Em seguida, coloque o molho de camarão sobre a carne*

You can serve the ingredients apart (each person prepares their own plate) or together. For this, put the rice in the center of the dish, surrounded by jerked meat. Then, put the shrimp sauce over the meat

QUIABADA
OKRA HOT POT

rendimento: **6 porções**
tempo de preparo: **40 minutos**

makes: **6 portions**
ready in: **40 minutes**

ingredientes

- 400 g de quiabo • 200 g de costelinha de porco fresca • 200 g de coxão mole picado em cubos • 200 g de linguiça defumada • 200 g de camarão seco • 4 cebolas • 200 ml de polpa de tomate • 100 ml de azeite • Sal a gosto

ingredients

- 400 g okra • 200 g fresh pork ribs • 200 g beef (topside), diced • 200 g smoked sausage • 200 g dried shrimp • 4 onions • 200 ml tomato pulp • 100 ml olive oil • Salt to taste

modo de preparo

1. Refogue as carnes (a costelinha, o coxão mole e a linguiça) com a cebola e o azeite.
2. Acrescente a polpa de tomate e cozinhe por uma hora ou até as carnes ficarem bem macias.
3. Acrescente os quiabos e deixe cozinhar até que fiquem macios. Acerte o sal e finalize com o camarão seco.

directions

1. Sauté the meats (the ribs, the topside and the sausage) in olive oil with the onion.
2. Add the tomato pulp and cook for an hour or until the meat is tender.
3. Add the okra and cook until it is soft and tender. Check the seasoning and serve with the dried shrimp.

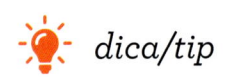

dica/tip

Lave e seque bem o quiabo antes de cortá-lo para o preparo. Isso evita que ele fique com aquela baba característica - e desagradável para alguns paladares.

Wash and dry well the okra before cutting it for preparation. That prevents it from forming its characteristic slime – which is unpleasant for some palates.

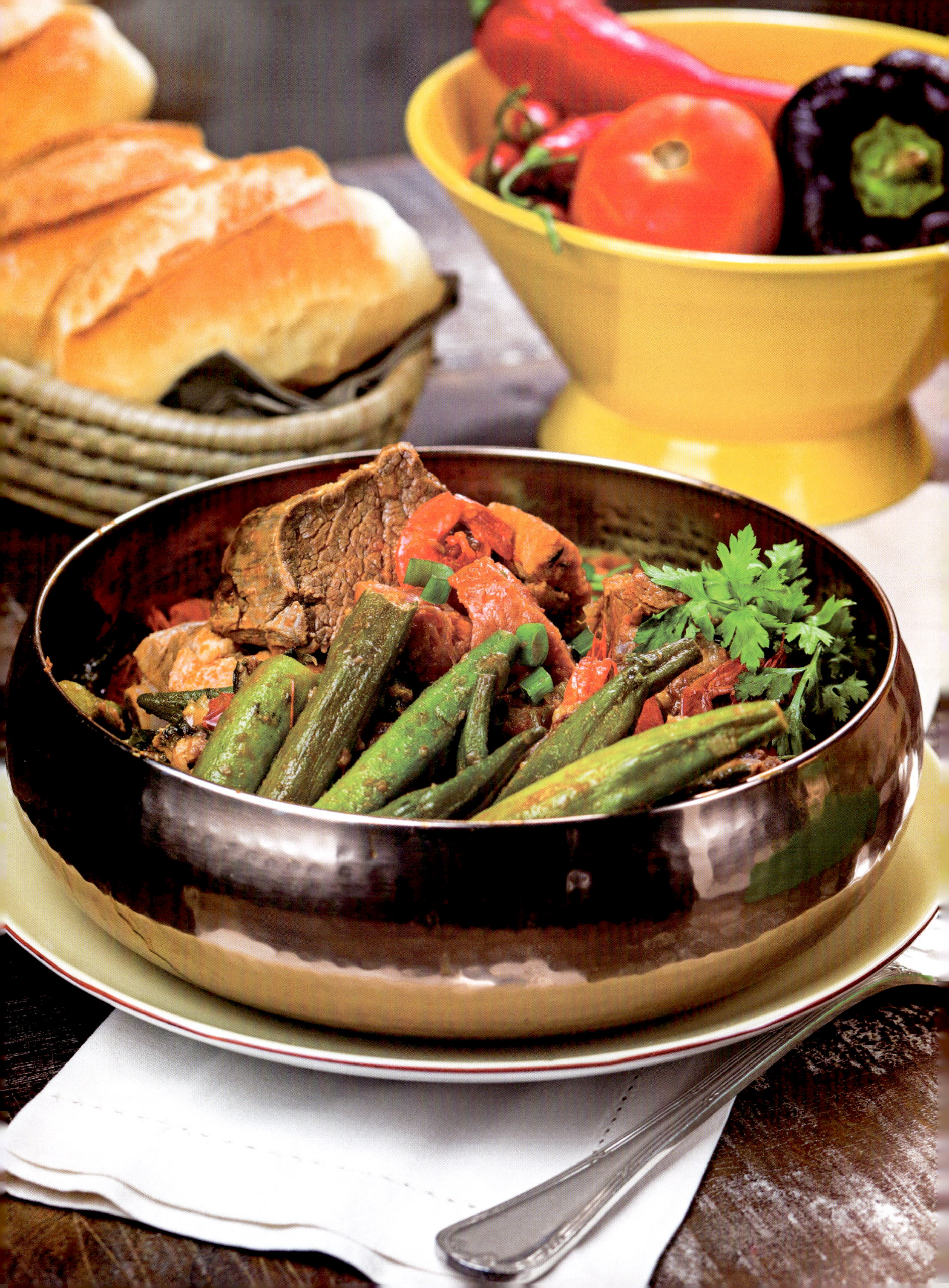

DOBRADINHA

TRIPE

rendimento: **5 porções**
tempo de preparo: **45 minutos**

makes: **5 portions**
ready in: **45 minutes**

ingredientes

- 500 g de bucho de boi • 500 g de feijão branco
- 1 limão • 1 linguiça calabresa cortada em rodelas
- 200 g de carne-seca dessalgada cortada em cubos
- 100 g de bacon cortado em cubos pequenos
- 1 cebola grande • 4 dentes de alho • 1 pimentão
- 2 tomates • Cheiro-verde e sal a gosto

ingredients

- 500 g cow tripe • 500 g white beans
- 1 lemon • 1 Italian-style sausage, sliced • 200 g jerked meat, diced and desalted • 100 g bacon, diced • 1 large onion • 4 garlic cloves • 1 red bell pepper • 2 tomatoes • Parsley and salt to taste

modo de preparo

1. Lave bem o bucho e leve ao fogo com água e suco de um limão. Quando ferver, escorra e descarte a água.
2. Corte o bucho em tiras, coloque na panela de pressão e cubra de água. Leve ao fogo por 10 minutos. Depois, escorra a água de descarte.
3. Na mesma panela de pressão, acrescente todos os ingredientes, exceto o sal e o cheiro-verde.
4. Leve os ingredientes ao fogo na pressão com um litro de água por mais 20 minutos.
5. Desligue o fogo, acerte o sal e acrescente o cheiro-verde picado.

directions

1. Wash well the tripe and place it in a pan with water and the juice of one lemon over high heat. When it boils, drain and discard the water. *2.* Cut the tripe into strips, place in the pressure cooker and cover with water. Bring it to boil for 10 minutes. Then drain the water and discard. *3.* In the same pressure cooker, add all the ingredients except salt and parsley. *4.* Bring the ingredients to boil under pressure with a liter of water for more 20 minutes.
5. Turn off the heat, season with salt and add the chopped parsley.

dica/tip

Deixe o feijão branco de molho por cerca de uma hora antes de iniciar a preparação da receita. Dessa forma, seu cozimento será mais rápido. Sirva a dobradinha com arroz branco

Soak the white beans for about an hour before starting to prepare the recipe. This will reduce the cooking time. Serve the tripe with white rice

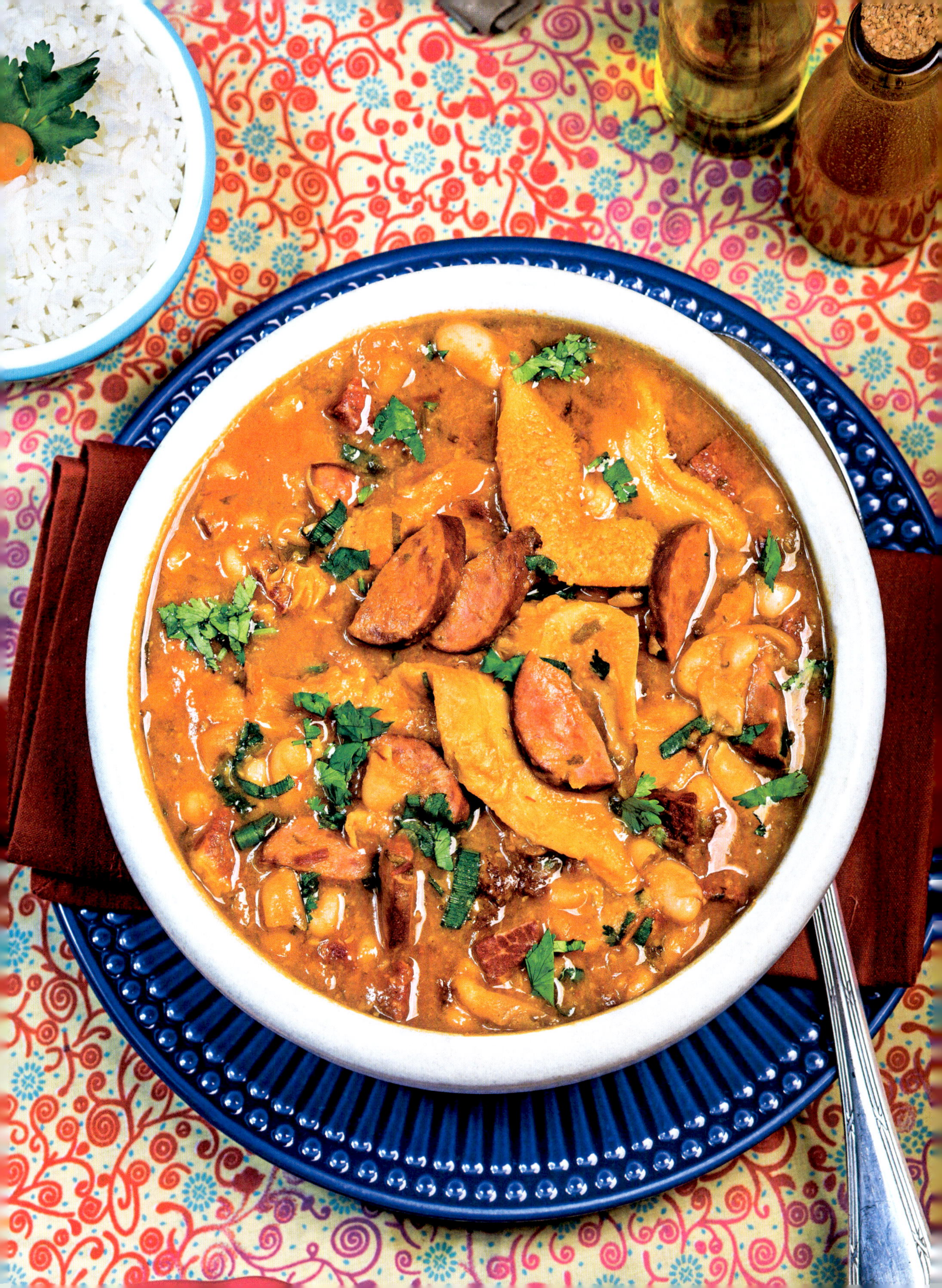

SAPARATEL

SARAPATEL

rendimento: **5 porções**
tempo de preparo: **1h30**

makes: **5 portions**
ready in: **1h30**

ingredientes

- 1 peça de fressura (vísceras do porco) • 2 colheres (chá) de sal • 100 ml de vinagre • 2 colheres (sopa) de cominho • 1 colher (sopa) de colorau • 1 cebola picada • 1 pimentão verde picado • 3 dentes de alho amassados • ½ xícara (chá) de hortelã picada • 4 folhas de louro • Água quanto baste

ingredients

- 1 piece of pork's offal • 2 teaspoons salt • 100 ml vinegar • 2 tablespoons cumin • 1 tablespoon paprika • 1 chopped onion • 1 chopped green bell pepper • 3 garlic cloves, crushed • ½ cup mint, minced • 4 bay leaves • Water as needed

modo de preparo

1. Primeiro, escalde as vísceras de porco com uma mistura de dois litros de água fervente e meio copo de vinagre. Escorra a água e deixe esfriar. Depois, corte as vísceras em cubos pequenos. *2.* Em uma panela, refogue todos os ingredientes – a cebola, o alho, o cominho, o colorau, o pimentão, o gengibre e o louro. *3.* Acrescente as vísceras picadas e mexa por 10 minutos. *4.* Coloque água até cobrir o conteúdo da panela. Deixe cozinhar por 40 minutos, mexendo sempre e acrescentando água, se necessário.
5. Quando estiver macio desligue o fogo. Salpique com coentro picado e sirva.

directions

1. Blanch the pork's offal with a mixture of 8 cups of boiling water and half a cup of vinegar. Drain the water and let it cool. Then cut the offal into small cubes.
2. In a saucepan, sauté all the ingredients - onion, garlic, cumin, paprika, pepper, ginger and bay leaf. *3.* Add the minced mint to the offal and stir for 10 minutes. *4.* Add water until it covers the contents of the pan. Cook it for 40 minutes, stirring constantly and adding water, if necessary. *5.* When it is soft, turn off the heat. Sprinkle chopped cilantro and serve.

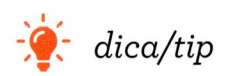

dica/tip

Escaldar as vísceras em água quente com vinagre permite limpá-las de qualquer impureza e cheiro ruim que possam ter. Se achar necessário repita a operação. Também é possível substituir o vinagre por caldo de limão na mesma quantidade

Blanching the offal in hot water with vinegar cleans it from any impurity and unpleasant smells it may have. If necessary, repeat the operation. It is also possible to replace the vinegar with the same amount of lemon juice.

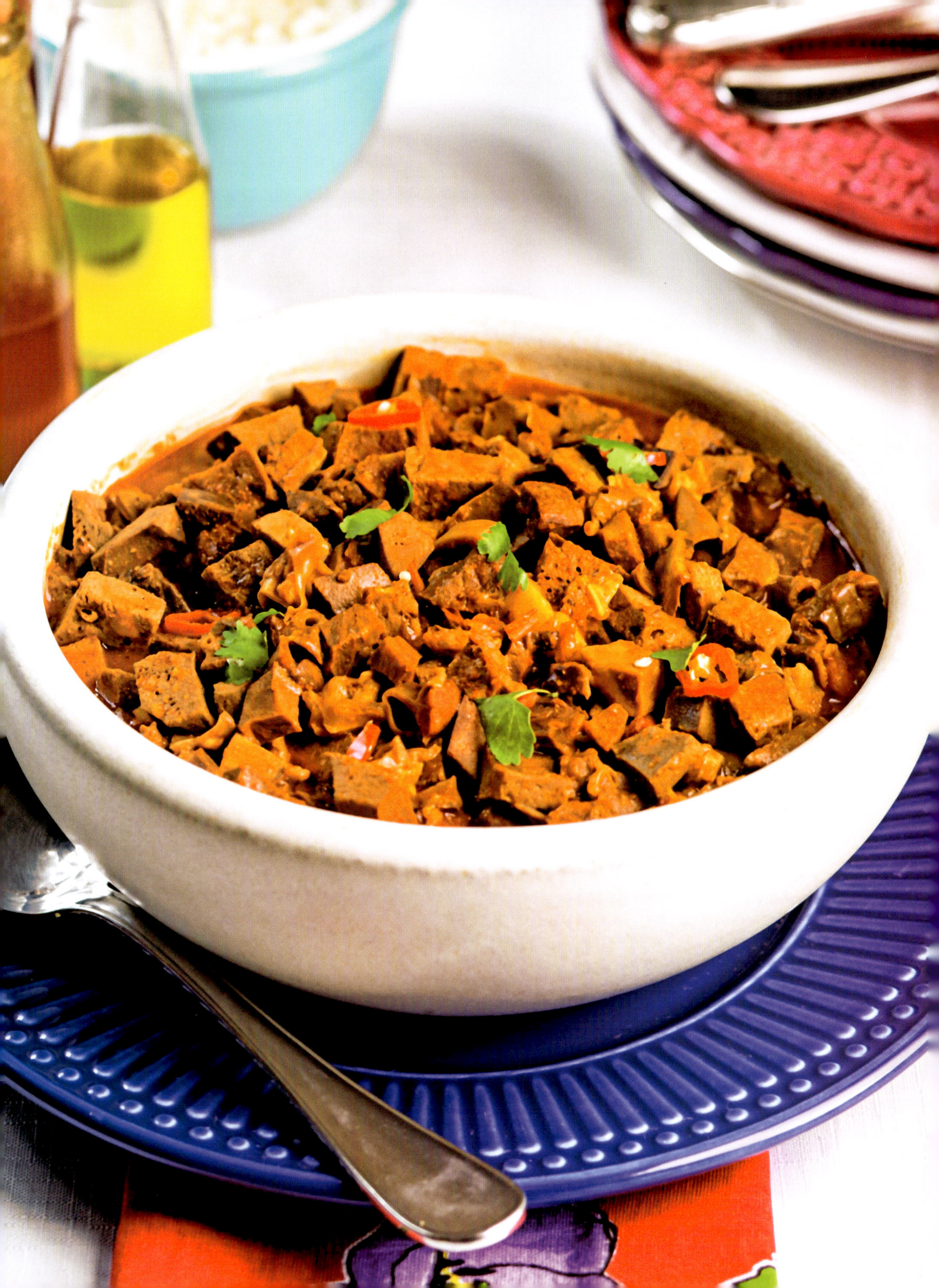

MANIÇOBA

MANIÇOBA

rendimento: **12 porções**　　makes: **12 portions**
tempo de preparo: **16 horas**　　ready in: **16 hours**

ingredientes

- 1 kg de folha de mandioca • 1 kg de carne de sol dessalgada e cortada em cubos • 1 kg de coxão duro de boi cortado em cubos • 1/2 kg de lombo defumado dessalgado cortado em pedaços • 1 kg de linguiça calabresa cortada em rodelas • 1/2 kg de toucinho cortado em cubos pequenos • Coentro e hortelã a gosto • 1 kg de tomate picado • 1 kg de cebola picada • Sal e pimenta-do-reino a gosto

ingredients

- 1 kg cassava leaves • 1 kg jerked beef, desalted and diced • 1 kg outside flat beef, diced • 1/2 kg smoked loin pork, desalted and diced • 1 kg sliced Italian-style sausage, sliced • 1/2 kg bacon cut, diced • Cilantro and mint to taste • 1 kg chopped tomato • 1 kg chopped onion • Salt and black pepper to taste

modo de preparo

1. Ferva as folhas de mandioca com água por 10 horas e meia. Acompanhe o processo, acrescentando água e mexendo sempre que necessário. **2.** Escorra as folhas na peneira, em água corrente, lavando-as, até que a água que passa por elas esteja totalmente clara. **3.** Coloque as folhas em uma panela para ferver com todos os temperos e deixe cozinhar por três horas. **4.** Acrescente as carnes e cozinhe por mais três horas. **5.** Quando perceber que as carnes já estão macias, desligue o fogo. **6.** Sirva a maniçoba com farinha de mandioca e molho de pimenta.

directions

1. Boil the cassava leaves in water for 10 ½ hours. Add more water and stir the mixture whenever necessary. **2.** Drain the leaves in a sieve under running water, washing them until the water runs clear. **3.** Place the leaves in a saucepan to boil with all the seasonings and cook for three hours. **4.** Add the meat and cook for three more hours. **5.** When you notice that the meats are tender, turn off the fire. **6.** Serve the maniçoba with cassava flour and pepper sauce.

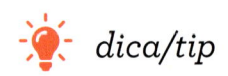

dica/tip

A receita, de origem indígena, é uma espécie de feijoada, onde a maniva, a folha da mandioca triturada, substitui o feijão. O preparo exige cuidado, pois a folha da mandioca deve ser cozida por um longo tempo para eliminar seu efeito tóxico

The recipe of indigenous origin is a kind of feijoada (bean and pork stew) where the maniva, the Crushed cassava leaves, replaces the beans. The preparation requires care: the cassava leaves must be cooked for a long time to eliminate its toxic effect

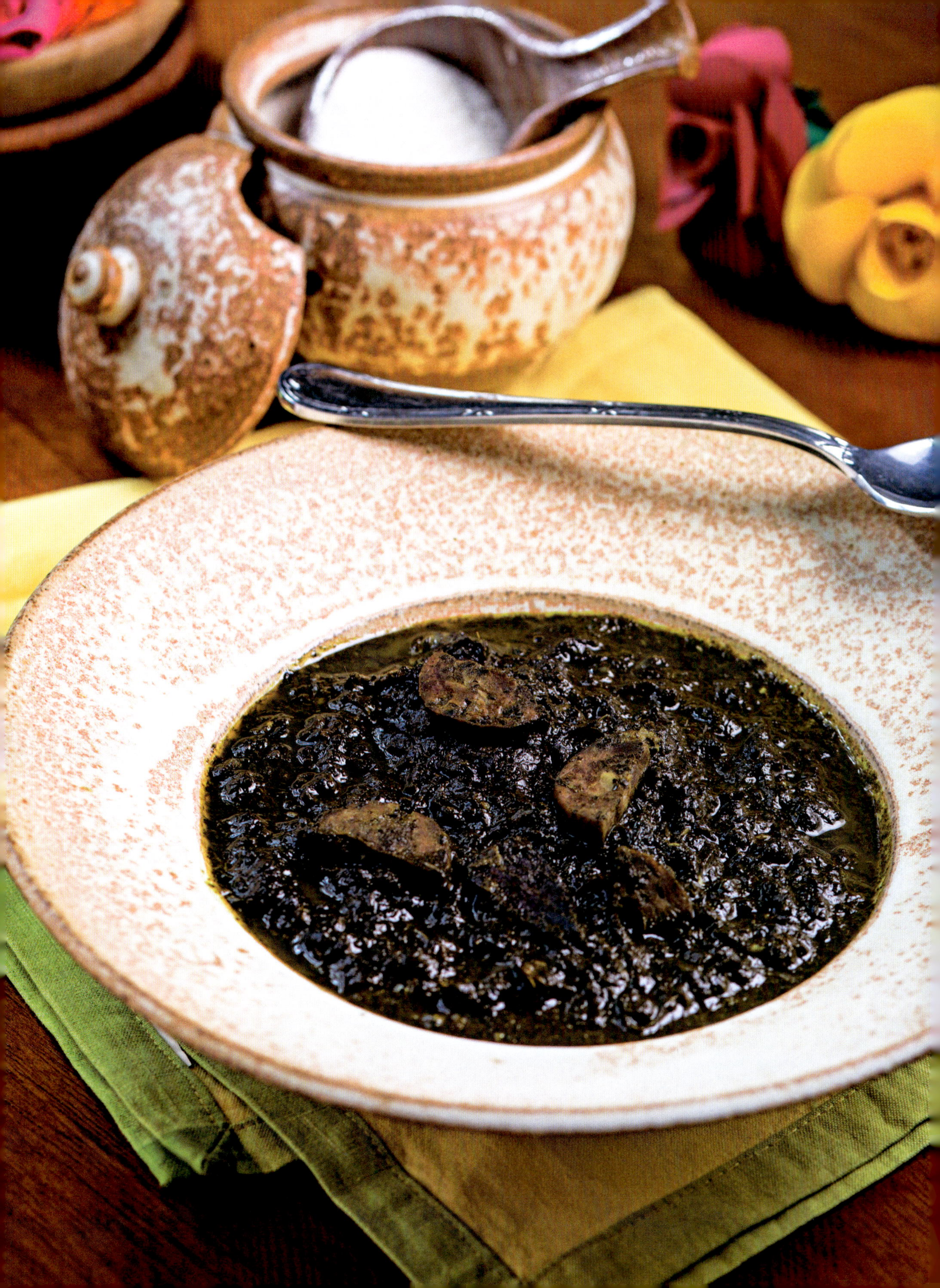

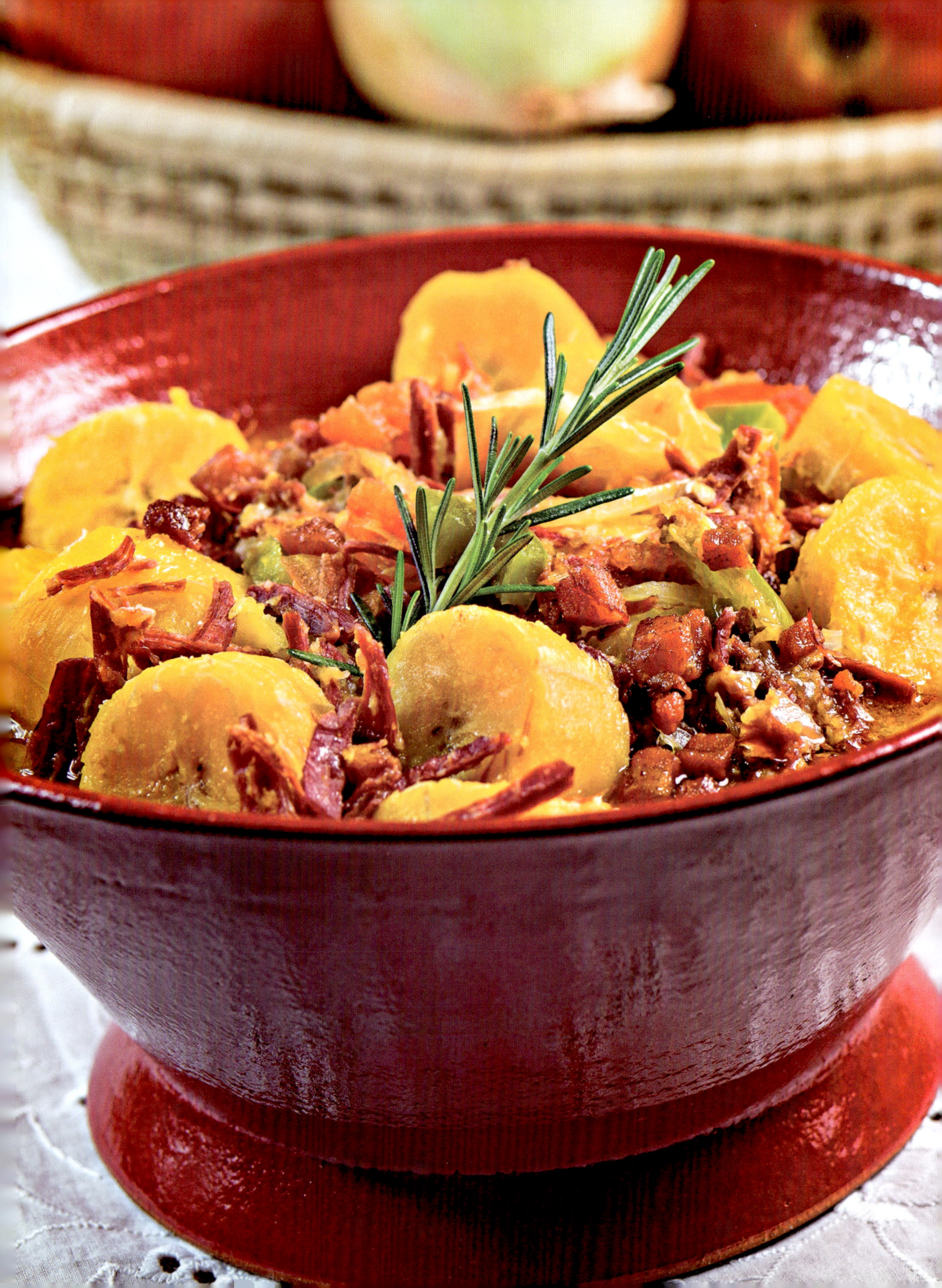

GODÓ

GODÓ

rendimento: **6 porções** makes: **6 portions**
tempo de preparo: **1 hora** ready in: **1 hour**

ingredientes

- 350 g de carne de sol • 250 g de charque • 200 g de bacon cortado em cubos pequenos • 1 cebola grande picada • 1 tomate grande picado • 1 pimentão grande picado • 12 bananas verdes picadas • Sal e pimenta do reino a gosto • 2 colheres (sopa) de vinagre

ingredients

- 250 g jerked beef • 200 g bacon cut into small cubes • 1 large chopped onion • 1 large diced tomato • 1 large bell pepper, chopped • 12 chopped green bananas • Salt and black pepper to taste • 2 tablespoons vinegar

modo de preparo

1. Corte as bananas em rodelas e coloque os pedaços de molho em água e duas colheres de vinagre, para que fiquem ligeiramente roxos. Escorra a água. **2.** Cozinhe os pedaços de banana em meio litro de água até que fiquem macias. **3.** Pique e frite a carne de sol, o charque e o bacon em uma panela. **4.** Junte as carnes à banana cozida, o tomate e a cebola e vá misturando tudo devagar, até formar uma espécie de sopa. Quando a banana estiver mole, estará pronto para ser servido.

directions

1. Cut bananas into slices and soak the pieces in water with two spoons of vinegar so that they get slightly purple. Drain the water. **2.** Cook the banana pieces in 2 cups of water until they are soft. **3.** Chop and fry the sun-dried salt beef, the jerked beef and the bacon in a saucepan. **4.** Add the meat to the cooked banana, the tomato and the onion. Mix everything slowly, until it forms a kind of soup. When the banana is soft the dish is ready to be served.

dica/tip

O godó vai muito bem na companhia de arroz branco e farinha de mandioca, mas também pode ser servido sozinho, pois é uma refeição completa

The godó can be served with white rice and cassava flour, but it can also be served alone.

CARNE DE SOL COM PIRÃO DE LEITE

SUN-DRIED SALT BEEF WITH MILK PIRÃO

rendimento: **4 porções**
tempo de preparo: **25 minutos**

makes: **4 portions**
ready in: **25 minutes**

ingredientes

- 1 kg de carne de sol (dessalgada) • 1 litro de leite
- 1 tomate • 1 cebola roxa • 1 cubo de caldo de carne
- 50 ml de manteiga de garrafa • Coentro e cebolinha a gosto • Farinha de mandioca o quanto baste

ingredients

- 1 kg sun-dried salt beef, desalted
- 1 l milk • 1 tomato • 1 purple onion
- 1 cube beef stock • 50 ml bottle butter • Cilantro and chives to taste
- Cassava flour as needed

modo de preparo

Carne: **1.** Divida a carne de sol em quatro bifes e sele a carne em uma chapa bem quente. **2.** Depois, corte-a em tiras e refogue na manteiga de garrafa com a cebola e o tomate cortados em rodelas. Refogue por cinco minutos, deligue o fogo e acrescente o coentro e a cebolinha.

Pirão: **1.** Coloque o cubo de caldo de carne no leite e leve ao fogo. **2.** Quando o leite estiver quase levantando fervura, vá acrescentando aos poucos a farinha de mandioca até adquirir a consistência cremosa. **3.** Acerte o sal, acrescente um pouco de coentro e cebolinha e desligue o fogo.

directions

Meat: **1.** Divide the meat in four steaks and seal the meat in a very hot frying pan. **2.** Then cut into strips and sauté in the butter with onion and the tomato into slices. Sauté for five minutes, turn off the fire and add the cilantro and chives.

Pirão: **1.** Place the beef stock cube in the milk and bring to heat. **2.** When the milk is almost boiling, add the manioc flour gradually to the creamy consistency. **3.** Season with salt, add a little cilantro, the chives and turn off the fire.

dica/tip

Tradicional no sertão, o pirão de leite é um ótimo acompanhamento para cozidos como a carne de panela com legumes ou frango ensopado e fica bem até com pratos mais sofisticados

Traditional in the backlands, the milk pirão is a great accompaniment for boiled dishes such as meat with vegetables or chicken stew and it is also good with more sophisticated dishes

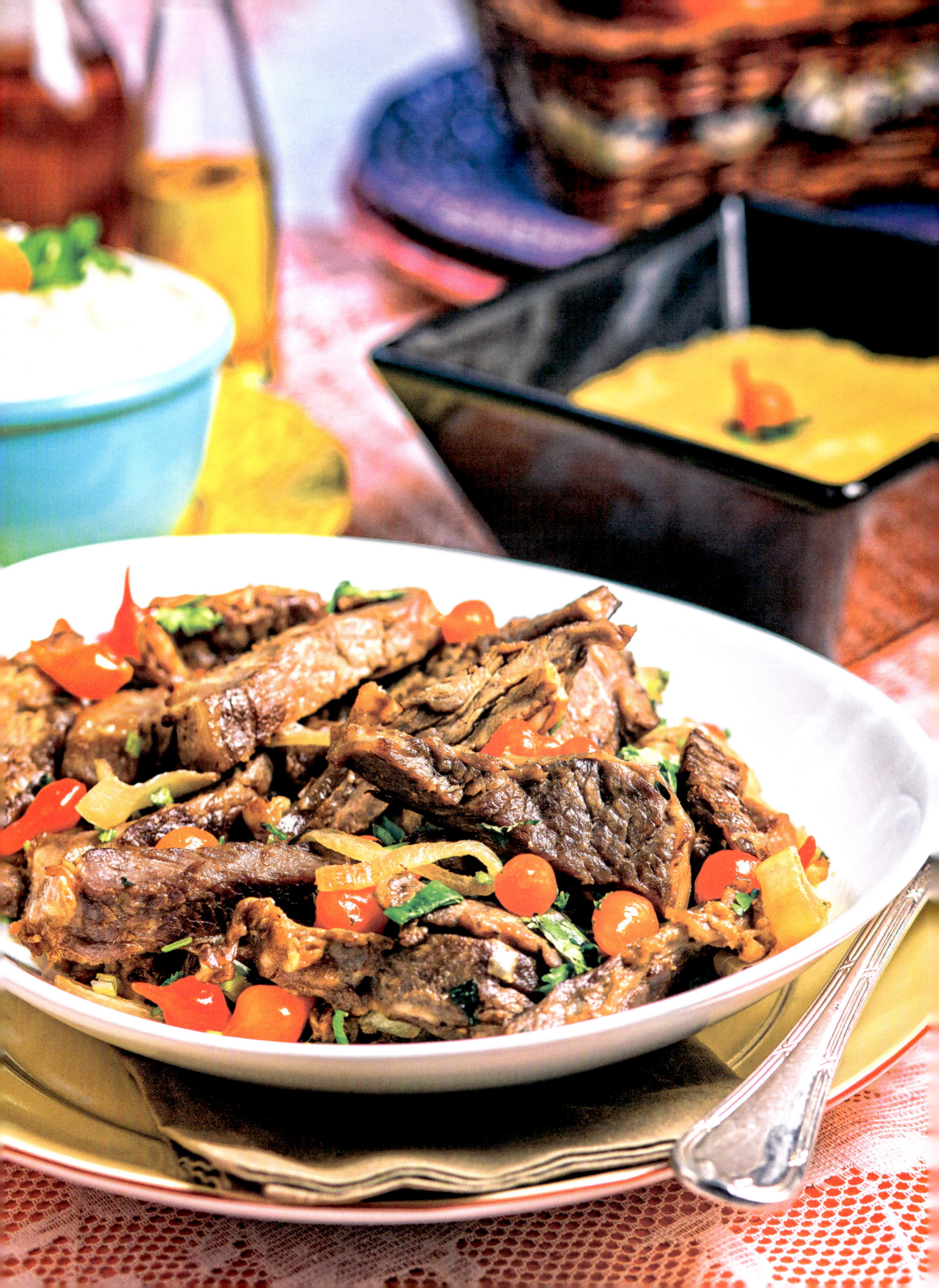

CARNE-SECA COM ABÓBORA

PUMPKIN WITH JERKED BEEF

rendimento: **2 porções**
tempo de preparo: **35 minutos**

makes: **2 portions**
ready in: **35 minutes**

ingredientes

- 500 g de carne-seca dessalgada • 1 kg de abóbora moranga madura • 2 cebolas pequenas • 2 tomates • 1 xícara (chá) de coentro e cebolinha picados • 20 ml de manteiga de garrafa • 1 cubo de caldo de costela

ingredients

- 500 g jerked meat, desalted • 1 kg ripe pumpkin • 2 small onions • 2 tomatoes • 1 cup cilantro and chives, chopped • 20 ml of bottle butter • 1 cube rib stock

modo de preparo

1. Cozinhe a carne-seca em 1 litro de água por 20 minutos. Escorra a carne e corte em fatias pequenas e finas. *2.* Frite a carne na manteiga com a cebola e o tomate cortados em rodelas. Depois de frita, desligue o fogo e acrescente o coentro e a cebolinha picados. *3.* Em outra panela, cozinhe a abóbora cortada em pedaços pequenos com um litro de água e o cubo de caldo de costela. *4.* Quando a abóbora estiver molinha, escorra a água. *5.* Junte a abóbora e a carne e mexa bem devagar.

directions

1. Cook the meat in 1 liter of water for 20 minutes. Drain the meat and cut into thin slices. *2.* Fry the meat in the butter with the onion and the sliced tomato. After frying, turn off the heat. Add the chopped cilantro and chives. *3.* Cut the pumpkin into small pieces and cook in another pan with one liter of water and the cube of rib stock. *4.* When the pumpkin is soft, drain the water. *5.* Add the pumpkin and the meat and stir very slowly.

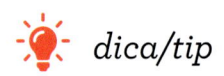

dica/tip

Uma maneira diferente de apresentar esta receita é usá-la como recheio para tortas de massa podre. Neste caso, acrescente um pouco de queijo coalho ralado, para deixá-la ainda mais saborosa

A different way to present this recipe is to use it as a filling for pies. In this case, add a little of grated curd cheese to make it even tastier

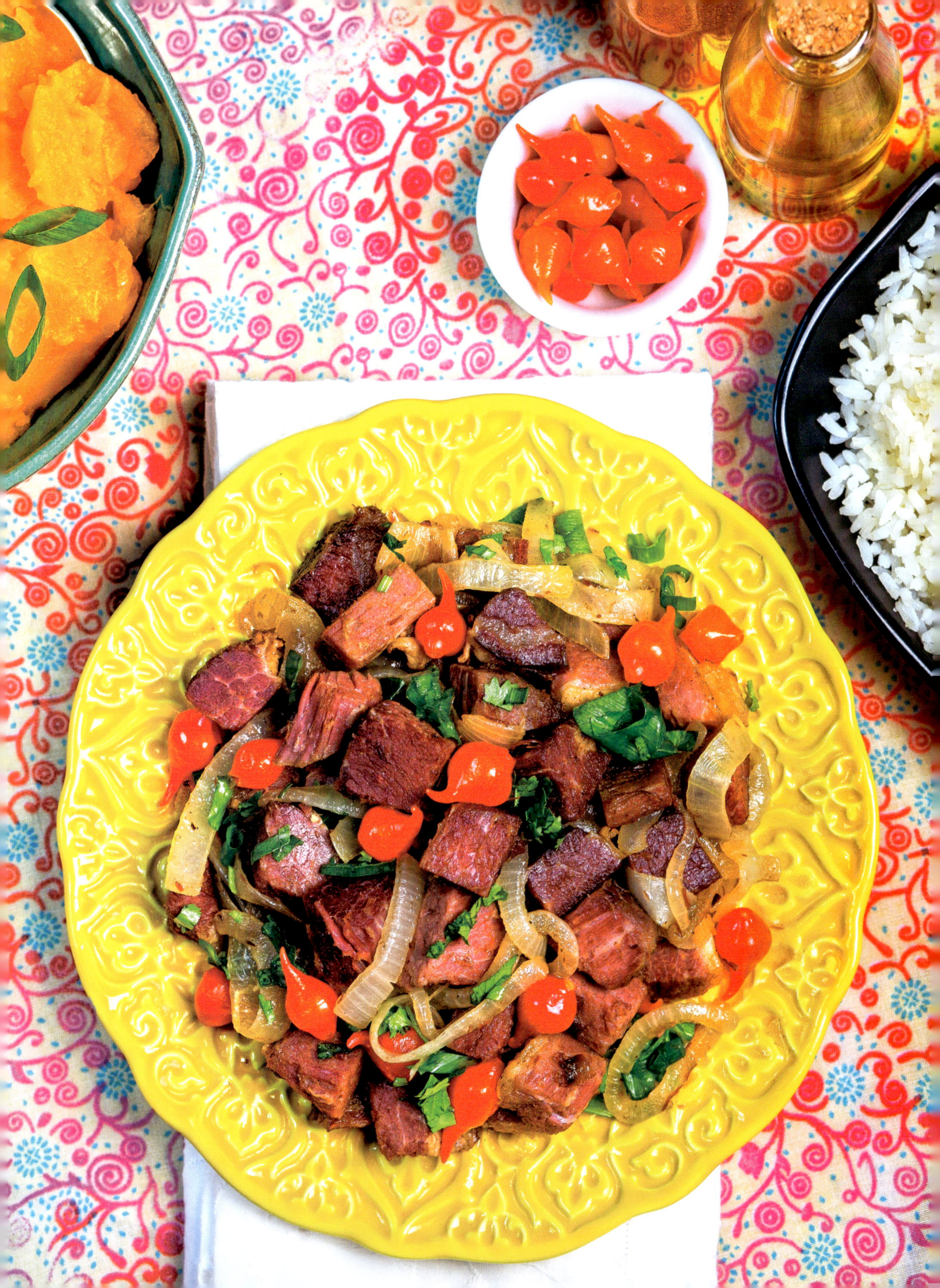

CARNE-SECA COM PURÊ DE BANANA-DA-TERRA

JERKED BEEF WITH PLANTAIN PURÉE

rendimento: **4 porções**
tempo de preparo: **35 minutos**

makes: **4 portions**
ready in: **35 minutes**

ingredientes

- 600 g de carne-seca
- 6 bananas-da-terra
- 150 ml de creme de leite fresco
- 2 cebolas
- 5 colheres (sopa) de manteiga

ingredients

- 600 g jerked meat
- 6 plantains
- 150 ml fresh double cream
- 2 onions
- 5 tablespoons butter

modo de preparo

1. Deixe a carne-seca de molho durante 24 horas em refrigeração, trocando a água a cada quatro horas para dessalgar. **2.** Cozinhe a carne em uma panela de pressão com dois litros de água, até que fique bem macia. **3.** Escorra a água que sobrar. **4.** Desfie a carne-seca e reserve. **5.** Coloque as bananas-da-terra já descascadas em uma panela e cubra de água. Leve ao fogo e deixe ferver por cinco minutos.
6. Escorra a água e bata as bananas em um processador, acrescentando a duas colheres de manteiga e o creme de leite. Reserve.
7. Em uma panela, refogue a cebola na manteiga e acrescente a carne-seca já desfiada. Sirva junto com purê de banana.

directions

1. Soak the meat for 24 hours in the fridge, changing the water every four hours to desalt. **2.** Cook the meat in a pressure cooker with 8 cups of water until it is very soft. **3.** Drain the water. **4.** Shred the meat and set aside. **5.** Put the peeled bananas in a pan and cover with water. Bring to the boil and simmer for five minutes. **6.** Drain the water and beat the bananas in a processor, adding two tablespoons of butter and the whipping cream. Set aside. **7.** In a saucepan, sauté the onion and the meat in the butter. Serve along with the plantain puree.

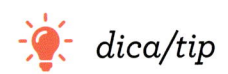

dica/tip

Em vez de carne-seca, também é possível utilizar carne-de-sol no preparo. Para isso, refogue bem a carne de sol cortada em cubos, pulando a etapa do cozimento na pressão.

Instead of jerked meat, it is also possible to use sun-dried salt beef in the preparation. To do this, sauté the cubed sun-dried salt beef well, skipping the use of the pressure cooker.

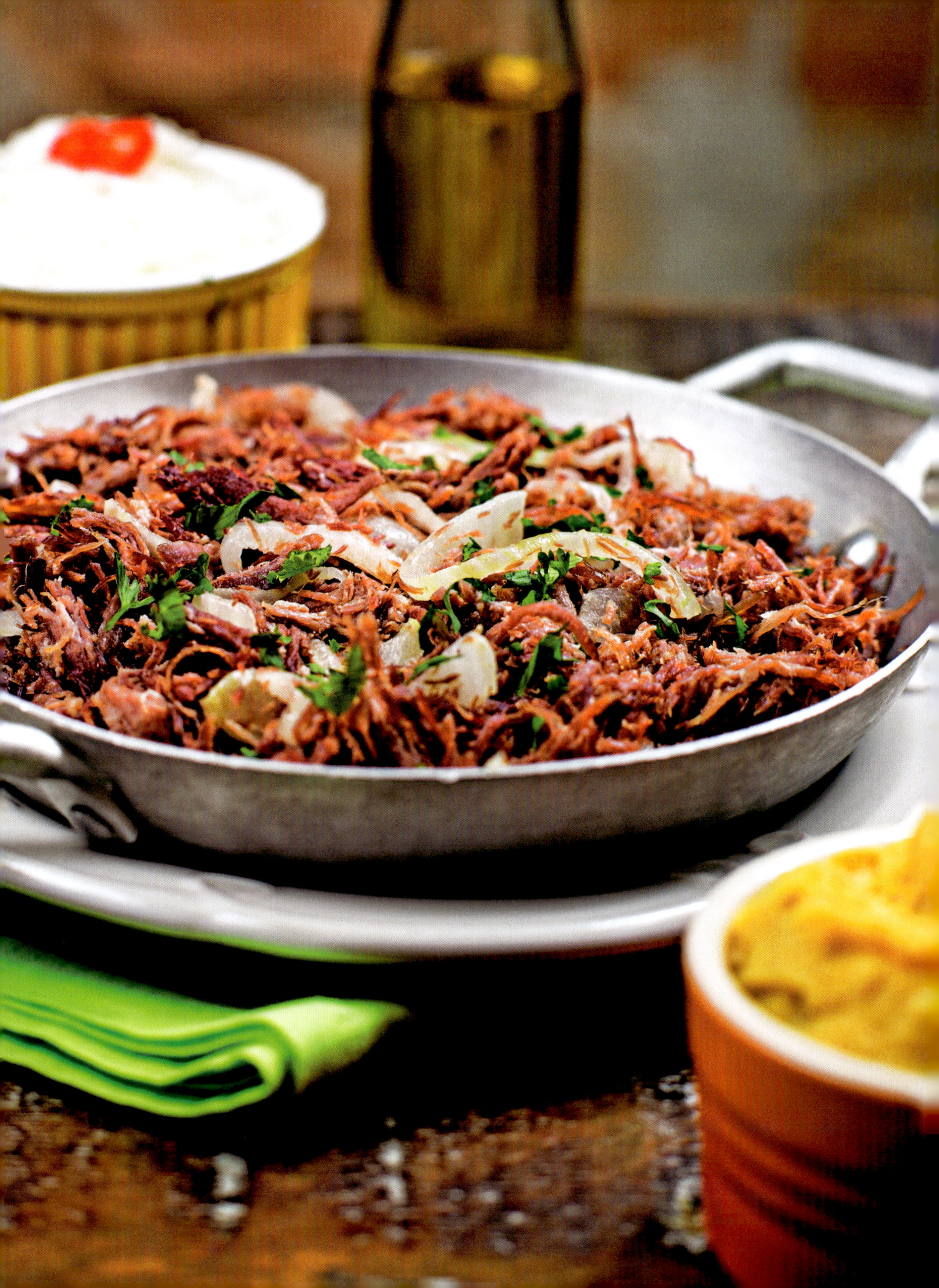

FEIJÃO FRADINHO COM CAMARÃO

BLACK-EYED BEANS WITH PRAWNS

rendimento: **4 porções**
tempo de preparo: **40 minutos**

makes: **4 portions**
ready in: **40 minutes**

ingredientes

- 500 g de feijão fradinho (deixe de molho por algumas horas) • 2 colheres (sopa) de azeite de dendê • 1 cebola média picada • 100 g de camarões inteiros e descascados • 40 g de castanha de caju torrada e moída • 40 g de amendoim descascado torrado e moído • 3 ramos de coentro • Sal a gosto

ingredients

- 500 g black-eyed beans (soaked in water for a few hours) • 2 tablespoons palm oil • 1 medium onion, chopped • 100 g whole prawns, peeled • 40 g cashew nuts, toasted and ground • 40 g peeled peanuts, toasted and ground • 3 sprigs of cilantro • Salt to taste

modo de preparo

1. Cozinhe o feijão com água e sal (é mais rápido cozinhá-lo em uma panela de pressão), até que fique macio, mas firme. *2.* Bata no liquidificador a cebola cortada, 100 g de camarão, 20 g da castanha de caju moída e do amendoim descascado moído e 2 ramos de coentro. *3.* Após o feijão estar cozido, faça um refogado com o azeite de dendê, a cebola picada e restante dos camarões inteiros ou cortados grosseiramente. *4.* Acrescente ao refogado o feijão cozido e os ingredientes batidos no liquidificador. *5.* Misture levemente para o feijão não desmanchar. *6.* Decore com um ramo de coentro e alguns camarões.

directions

1. Cook the beans with water and salt (it is faster in a pressure cooker) until it is soft, but firm. *2.* Blend the onion, 100 g of prawns, 20 g of cashew nuts, the peeled peanuts and 2 sprigs of cilantro. *3.* When the beans are cooked, sauté in the olive oil a cut onion, the rest of the prawns uncut or roughly cut. *4.* Add to it the cooked beans and the blended ingredients. *5.* Mix lightly in order not to break the beans. *6.* Garnish with a sprig of cilantro and some prawns.

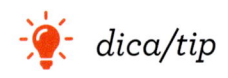

dica/tip

Deixar o feijão de molho por uma hora antes do cozimento ajuda a deixar o processo mais ágil. Além disso, o feijão fradinho com camarões pode ser servido acompanhado por arroz branco e farofa de dendê

Soaking the beans for one hour before cooking makes the process faster. The black-eyed beans with prawns can be served accompanied by white rice and palm oil farofa.

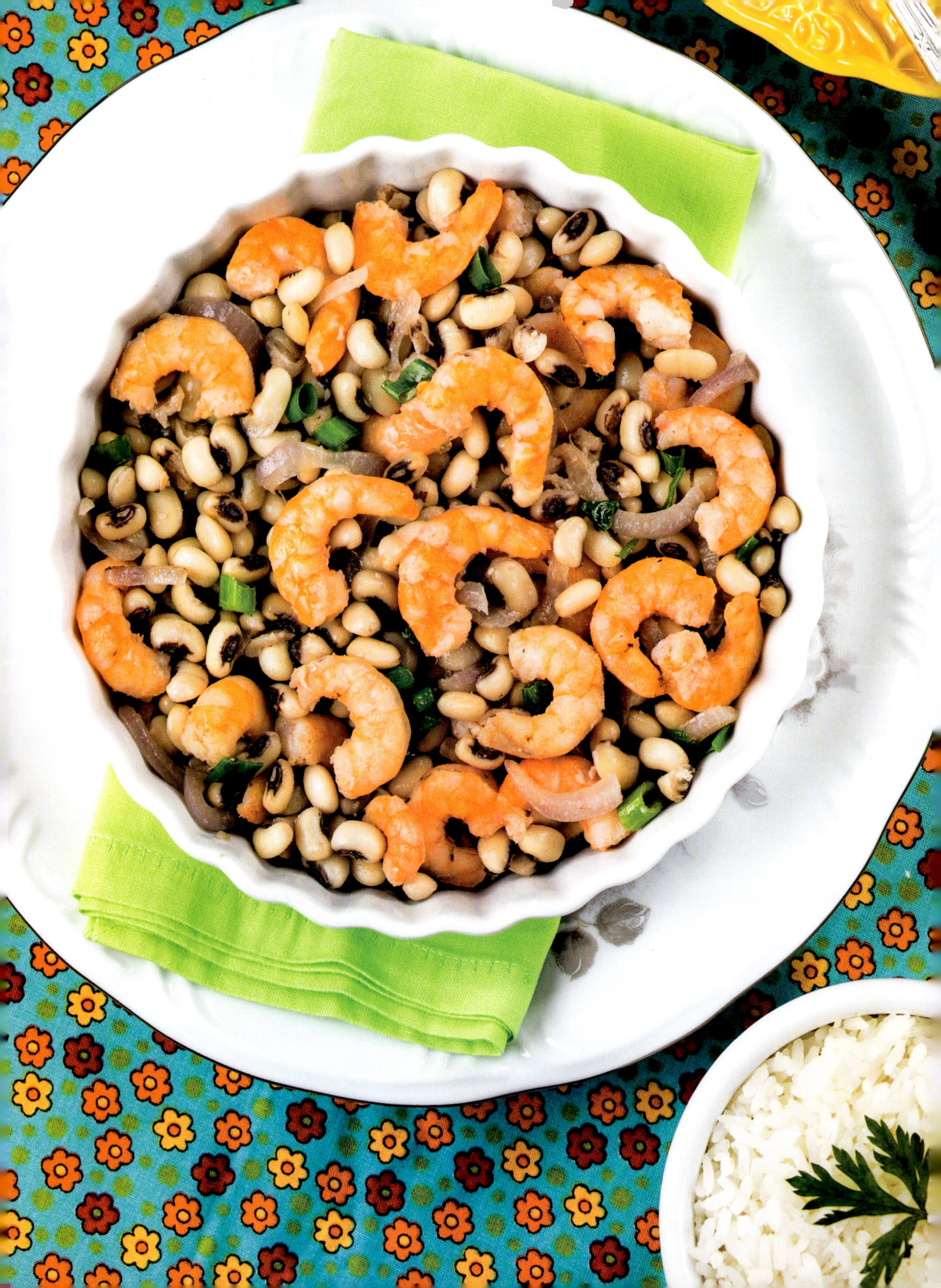

FEIJÃO FRADINHO COM CARNE DE SOL

BLACK-EYED BEANS WITH SUN-DRIED SALT BEEF

rendimento: **4 porções**
tempo de preparo: **1 hora**

makes: **4 portions**
ready in: **1 hour**

ingredientes

- 300 g de feijão fradinho • 300 ml de manteiga de garrafa • 1 cebola roxa picada em rodelas • Coentro a gosto • Sal a gosto • 200 g de carne de sol

ingredients

- 300 g black-eyed beans • 300 ml bottle butter • 1 onion, chopped into slices • Cilantro to taste • Salt to taste • 200 g sun-dried salt beef

modo de preparo

1. Cozinhe o feijão fradinho em uma panela aberta por 40 minutos (ou na panela de pressão por 20 minutos). Escorra a água e reserve.
2. Leve ao fogo uma frigideira com um fio de manteiga de garrafa. Acrescente o feijão, o sal, o coentro. Refogue e reserve.
3. Em outra frigideira frite a carne no restante da manteiga de garrafa até que fique levemente dourada.
4. Acrescente a cebola, refogue e desligue o fogo.
5. Escorra bem a carne e junte com o fradinho já refogado.

directions

1. Cook the black-eyed beans in a pan for 40 minutes (or in the pressure cooker for 20 minutes). Drain the water and set aside.
2. Pour in a frying pan with a dash of bottle butter. Add the beans, salt, cilantro. Sauté and set aside.
3. In another skillet, fry the meat in the rest of the butter until lightly golden.
4. Add the onion, sauté and turn off the heat.
5. Drain well the meat and join with the already sautéed beans.

dica/tip

O feijão fradinho cozinha bem mais rápido que o feijão carioca. Por isso, é melhor cozinhá-lo em panela aberta, para que os grãos fiquem macios, mas ainda inteiros e firmes

The black-eyed beans cook much faster than pinto beans. Thus, it is best to cook them in an open pan, so that the grains get soft but are still firm

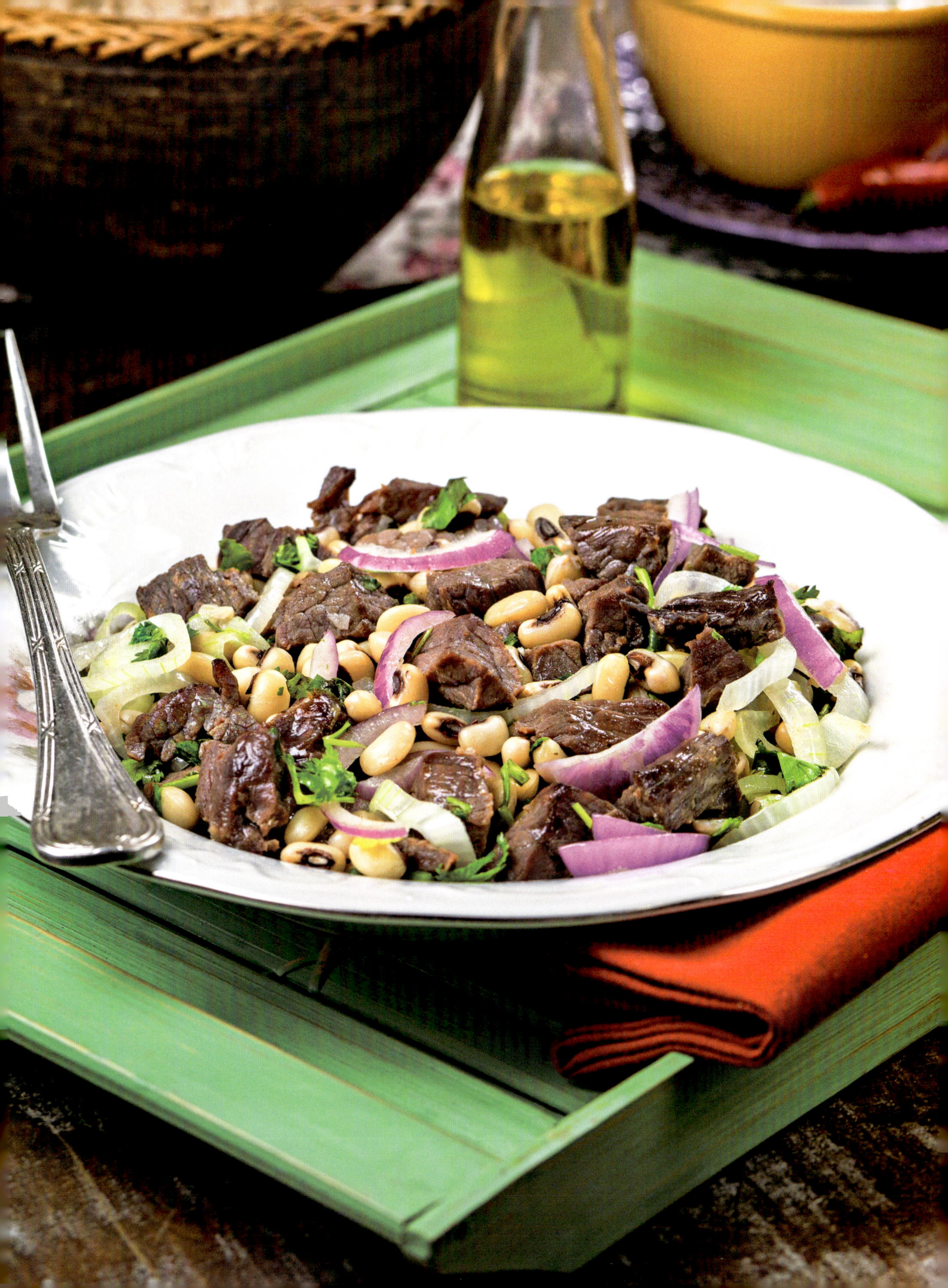

ARRUMADINHO DA AMADA

ARRUMADINHO DA AMADA (THE BELOVED'S TIDY DISH)

rendimento: **3 porções**
tempo de preparo: **1h20**

makes: **3 portions**
ready in: **1h20**

ingredientes

- 200 g de feijão fradinho • 100 g de carne-seca dessalgada • 1 xícara (chá) de bacon • 1 xícara (chá) de linguiça calabresa picada • 1 talo de alho-poró picado • Cheiro-verde a gosto • 1 e 1/2 colher (sopa) de manteiga • 100 g de queijo coalho • 2 folhas de louro

ingredients

- 200 g black-eyed beans • 100 g jerked beef, desalted • 1 cup bacon • 1 cup Italian-style sausage, diced • 1 stalk of leek, chopped • Parsley to taste • 1 ½ tablespoon butter • 100 g curd cheese • 2 bay leaves

modo de preparo

1. Em uma panela de pressão, coloque o feijão fradinho em meio litro de água. Deixe cozinhar por 5 a 8 minutos. Retire da panela e escorra a água. Reserve.
2. Na panela de pressão, coloque a carne-seca com água (até a metade da panela) e deixe cozinhar por uma hora. Retire a água e desfie a carne-seca.
3. Em uma panela média, refogue o bacon e a calabresa cortada em cubos na manteiga. Acrescente a carne-seca, o alho-poró e as folhas de louro. Por último, coloque o feijão fradinho e misture suavemente para não esmagar o feijão.
4. Frite o queijo coalho em pedaços e sirva junto.

directions

1. In a pressure cooker, cook the beans in half liter of water for 5 to 8 minutes. Drain the water and remove from the pan. Set aside. **2.** In the pressure cooker, place the meat with water (half the pan) and cook for an hour. Drain the water and shred the meat. **3.** In a medium saucepan, sauté the bacon and the sausage in cubes in the butter. Add the meat, the leek and the bay leaves. Finally, place the beans and mix gently in order not to crush the beans. **4.** Cut the curd cheese into pieces and fry. Serve together.

dica/tip

Para fazer jus ao nome, na hora de servir, disponha os ingredientes lado a lado no prato. Sirva com arroz branco, vinagrete e a farofa de sua preferência (ver páginas 66, 68 e 79)

To justify the name of the dish, when serving, arrange the ingredients side by side on the plate. Serve with white rice, vinaigrette and the farofa of your preference (see pages 66, 68 and 79)

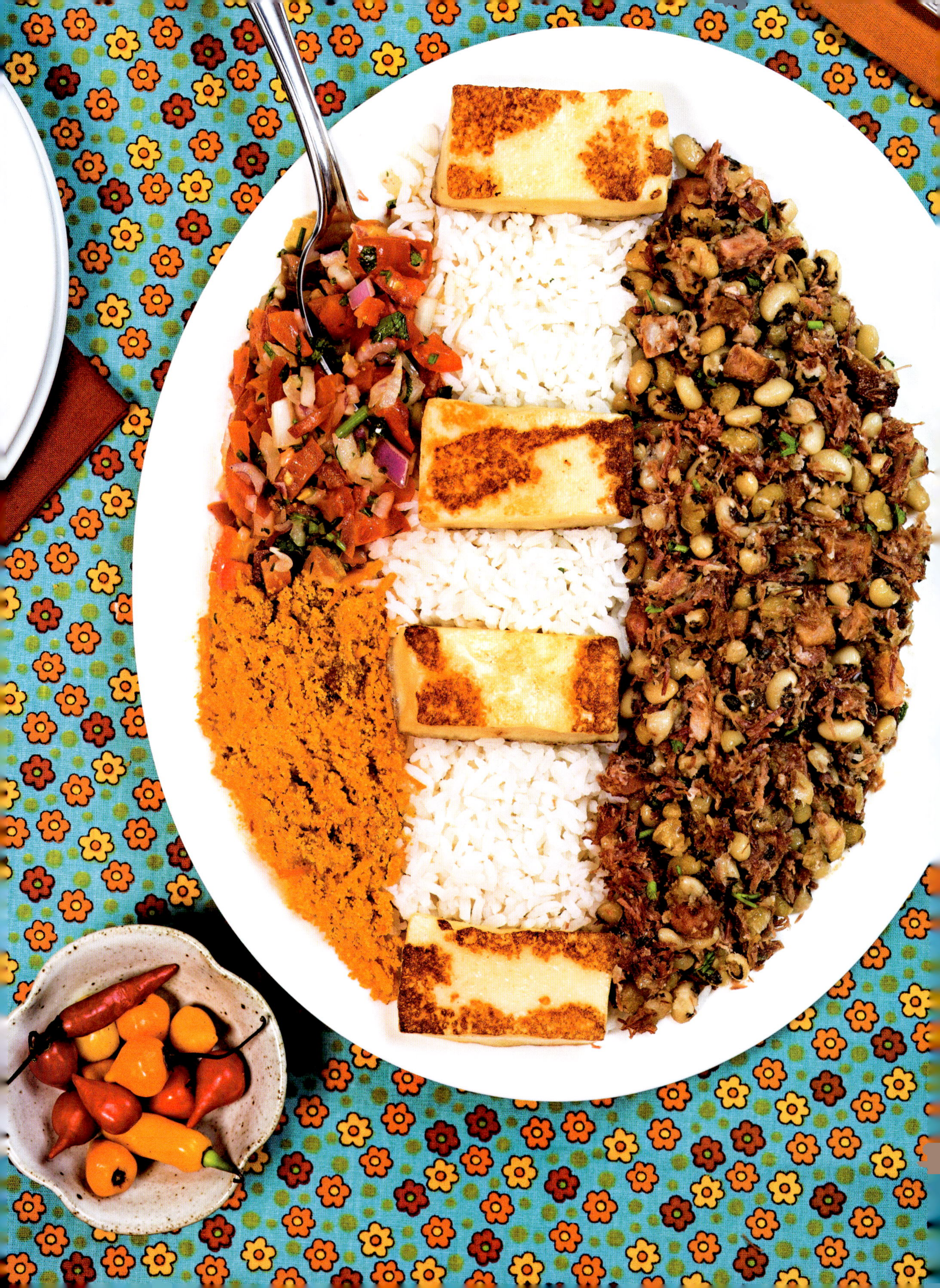

NINHO DE SOL

SUN'S NEST

rendimento: **2 porções**
tempo de preparo: **35 minutos**

makes: **2 portions**
ready in: **35 minutes**

ingredientes

- 300 g de mandioca cozida
- 150 g de leite em pó
- 50 g de queijo ralado
- 300 g de carne de sol
- Sal a gosto

ingredients

- 300 g cooked cassava
- 150 g powdered milk
- 50 g grated cheese
- 300 g sun-dried salt beef
- Salt to taste

modo de preparo

1. Corte a carne de sol em tiras finas. Depois, grelhe os pedaços e reserve.
2. Bata no liquidificador a mandioca cozida e o leite em pó, com uma pitada de sal, até ficar uma massa lisa e cremosa. Se for necessário, acrescente meio copo de água para bater a mistura.
3. Em uma forma funda, coloque uma camada de massa e, depois, uma de carne-de-sol. Finalize com uma última camada de massa e acrescente o queijo ralado.
4. Leve para gratinar.

directions

1. Cut the meat into thin strips. Then grill the pieces and set aside.
2. Blend the cooked cassava and the powdered milk with a pinch of salt until the mixture is smooth and creamy. If necessary, add half a cup of water to beat the mixture.
3. In a deep casserole, place a layer of the dough and, then one of the meat. Finish with a last layer of dough and sprinkle the grated cheese.
4. Place in the oven until the top is golden-brown.

dica/tip

Para fazer bonito na hora de servir, monte o Ninho de Sol em ramequins individuais, pequenos. Leve ao forno para gratinar até que fiquem bem dourados e sirva imediatamente

To make a beautiful serving, place the Sun's Nest in individual small ramekins. Bake until golden brown, then serve immediately.

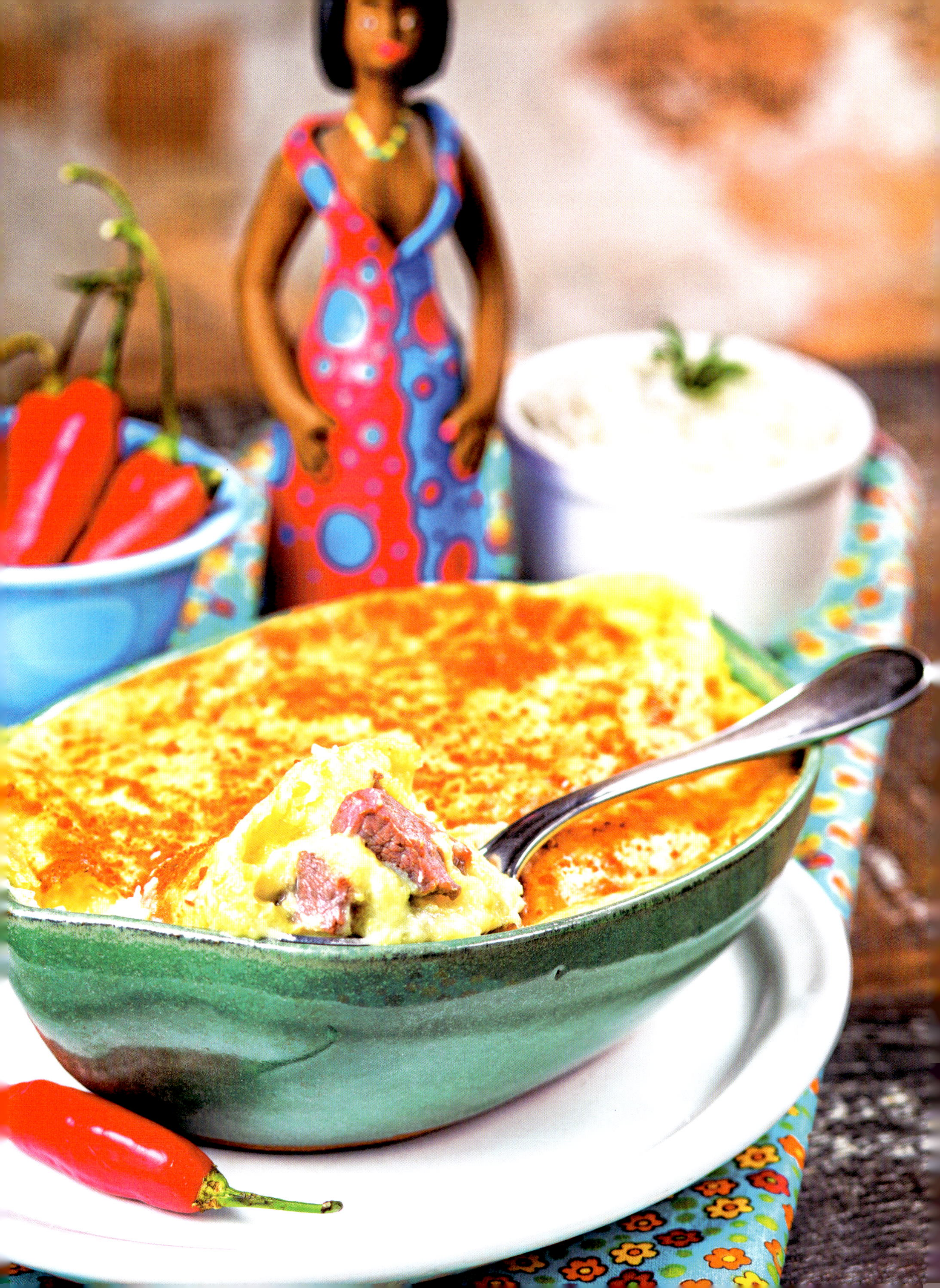

BACALHAU À BAIANA
BAHIA-STYLE CODFISH

rendimento: **4 porções**
tempo de preparo: **30 minutos**

makes: **4 portions**
ready in: **30 minutes**

ingredientes

- 500 g de bacalhau em lascas (já dessalgado)
- 200 g de azeitonas pretas • 12 ovos de codorna cozidos • 100 ml de azeite • 3 batatas inglesas
- 1 tomate • 1 pimentão • ½ maço de couve
- ½ maço de cheiro-verde (coentro, salsinha e cebolinha) • 1 cebola picada

ingredients

- 500 g codfish in slivers already desalted
- 200 g black olives • 12 quails' eggs, cooked • 100 ml olive oil • 3 potatoes, chopped in cubes • 1 tomato • 1 red bell pepper • ½ bunch of kale
- ½ bunch of green leaves (cilantro, parsley and chive) • 1 chopped onion

modo de preparo

1. Em uma panela, refogue a cebola no azeite, acrescentando o tomate e o pimentão picados.
2. Acrescente as lascas de bacalhau e deixe cozinhar por 10 minutos.
3. Separadamente, cozinhe as batatas picadas em cubos.
4. Quando o bacalhau estiver cozido, acrescente as azeitonas, os ovos, as batatas e a couve. Salpique cheiro-verde e sirva.

directions

1. In a pan, sauté the onion in the olive oil, then add the tomato and chopped bell peppers.
2. Add the cod slivers and cook for 10 minutes.
3. Separately, cook the potatoes.
4. When the cod is cooked, add the olives, the eggs, the potatoes and the kale. Sprinkle parsley and serve.

dica/tip

Para dessalgar o bacalhau mais rápido, coloque um pouco de sal (isso, sal) à água. Uma reação química faz com que as moléculas de sal se liguem umas às outras, acelerando o processo.

To desalt the codfish faster, put a little salt (yes, salt) in the water. A chemical reaction causes the salt molecules to bind to one another, accelerating the process.

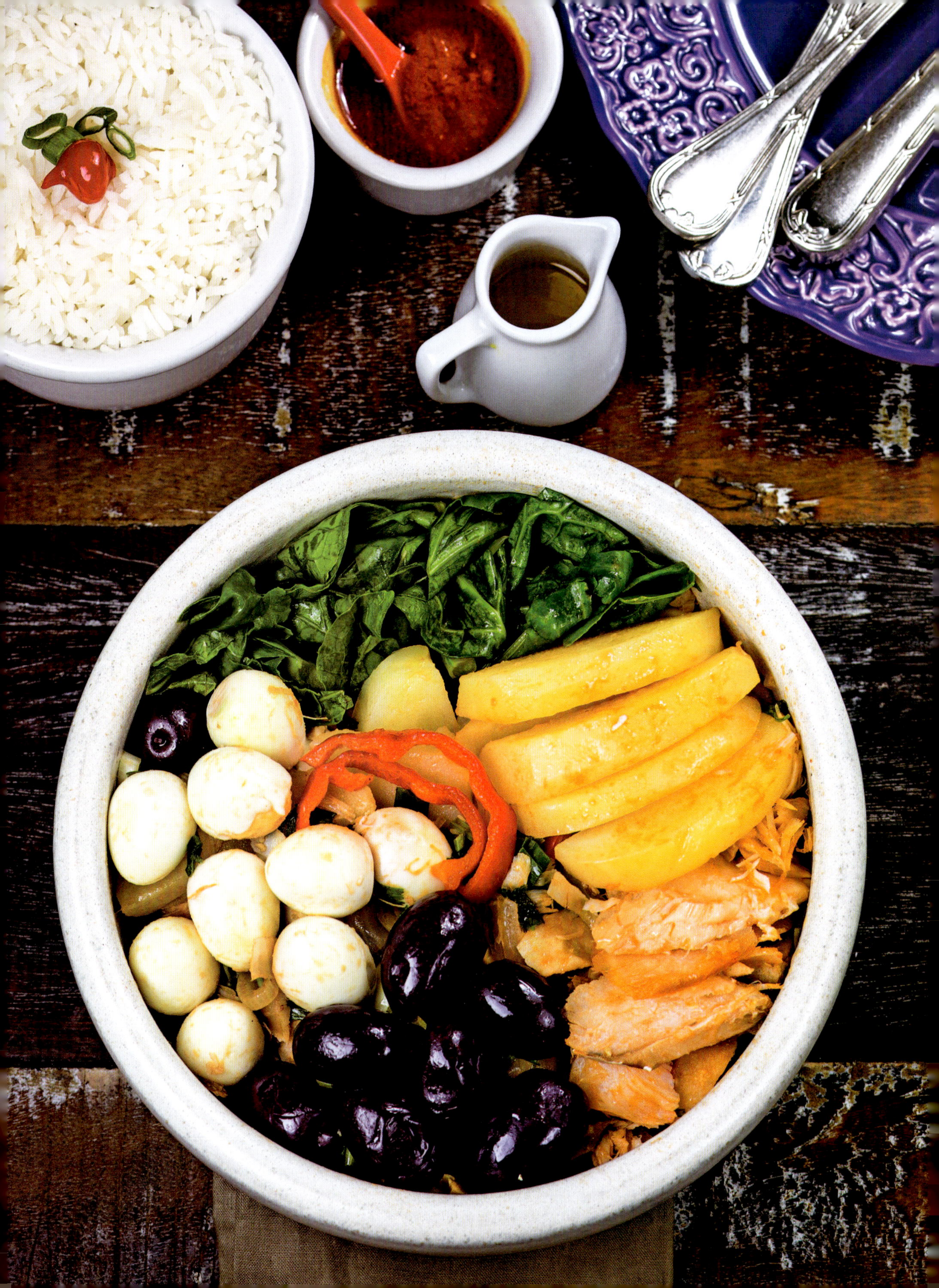

O cozido baiano é um prato bem completo, com proteínas, vegetais e carboidrato, e o pirão feito com o caldo dos legumes. Mas ele também pode ser servido com arroz branco

The Bahia-Style Boiled Dinner is a very nutritious dish, with proteins, vegetables and carbohydrates, and the pirão made with the vegetable broth. It can also be served with white rice.

COZIDO BAIANO
BAHIA-STYLE BOILED DINNER

rendimento: **10 porções** makes: **10 portions**
tempo de preparo: **1 hora** ready in: **1 hour**

ingredientes

- 300 g de linguiça defumada • 300 g de carne-seca dessalgada • 300 g de ponta de peito (carne bovina) • 300 g de costelinha • 1 cenoura cortada em rodelas • 1 chuchu picado em cubos grandes • ½ abóbora picada em cubos grandes • ½ repolho picado grosseiramente • 1 maço de couve • 3 maxixes picados em pedaços grandes • 2 jilós cortados ao meio • 10 quiabos • 100 ml de azeite • 3 dentes alho • Sal • 300 g de farinha de mandioca • 1 cebola picada

ingredients

- 300 g desalted jerked beef • 300 g tip of brisket • 300 g pork rib • 1 carrot cut into slices • 1 chayote, chopped in large cubes • ½ pumpkin, chopped into large cubes • ½ cabbage, coarsely chopped • 1 bunch of kale • 3 gherkins, chopped into big pieces • 2 gilos cut in half • 10 okra pods • 100 ml olive oil • 3 cloves of garlic • Salt • 300 g cassava flour • 1 chopped onion

modo de preparo

1. Refogue todas as carnes com a cebola e o alho. Acrescente meio litro de água e deixe cozinhar até que fiquem bem macias. Acerte o sal.
2. Em uma panela, coloque um litro e meio de água para cozinhar os legumes. Cozinhe um por vez, sempre na mesma água, até que fiquem macios.
3. Quando todos os legumes estiverem cozidos, junte todos com a carne e cozinhe por mais 15 minutos.
4. Separe um pouco do caldo do cozido para preparar um pirão: acrescente a esse caldo a farinha de mandioca, mexendo sem parar, até que forme um creme grosso. Sirva com o cozido.

directions

1. Sauté all the meat with onion and garlic. Add 2 cups of water and cook until tender. Season with salt.
2. In a pan, cook the vegetables in six cups of water. Add one vegetable at a time, always in the same water, until they are soft.
3. When all the vegetables are cooked, combine with the meat and cook for 15 minutes.
4. Separate part of the broth from the stew to prepare a pirão: add cassava flour to broth and stir constantly, until it thickens. Serve with the stew.

ESCONDIDINHO DA AMADA

SHEPHERD'S PIE OF THE BELOVED

rendimento: **6 porções** makes: **6 portions**
tempo de preparo: **1h40** ready in: **1h40**

ingredientes

- 1 kg de mandioca picada em pedaços • 7 colheres (sopa) de manteiga • ½ litro de leite • 100 g de queijo ralado • 2 latas de creme de leite • 200 g de queijo muçarela • 1 kg de carne-seca dessalgada • 2 talos de alho-poró picado em rodelas • 3 folhas de louro

ingredients

- 1 kg diced cassava • 7 tablespoons of butter • ½ l milk • 100 g grated cheese • 2 cans of double cream • 200 g mozzarella cheese • 1 kg desalted jerked meat • 2 stalks leek, chopped • 3 bay leaves

modo de preparo

1. Cozinhe a carne-seca já dessalgada com dois litros e meio de água por uma hora na panela de pressão. *2.* Quando estiver cozida, escorra a água restante e desfie a carne e reserve. *3.* Em uma panela, refogue a carne em três colheres de manteiga, com o alho-poró e as folhas de louro. *4.* Cozinhe a mandioca de 40 a 60 minutos com duas colheres de manteiga. *5.* Bata a mandioca cozida no liquidificador com o leite, o creme de leite, o queijo muçarela e duas colheres de manteiga até ficar um creme homogêneo. Reserve. *6.* Em uma travessa refratária, coloque uma camada de creme de mandioca e uma de carne-seca refogada. Cubra com mais uma camada de creme de mandioca e salpique o queijo ralado. *7.* Leve ao fogo para gratinar por cerca de 20 minutos.

directions

1. Cook the desalted meat with two and a half liters of water for an hour in the pressure cooker. *2.* When cooked, drain the water and set aside the meat. *3.* In a saucepan, sauté the meat in three tablespoons of butter, with the leek and the bay leaves. *4.* Cook the cassava for 40 to 60 minutes with two tablespoons of butter. *5.* Blend the cooked cassava with milk, cream, cheese, and two tablespoons of butter until the cream is homogeneous. Set aside.. *6.* In a casserole place a layer of the cassava cream and one of the sautéed beef. Cover with another layer of the cassava cream and sprinkle grated cheese. *7.* Put in the oven until the top is golden-brown for about 20 minutes.

É possível preparar uma versão da receita utilizando-se abóbora cozida no lugar da mandioca e carne de sol em vez de carne-seca. Ambas ficam bastante saborosas. Para deixar o creme - de mandioca ou abóbora - mais suculento, agregue uma colher de requeijão

It is possible to prepare a version of the recipe using boiled pumpkin in the place of the cassava and sun-dried salt beef instead of jerked beef. Both are quite tasty. To make the cassava or pumpkin cream juicier, add a tablespoon of cream cheese.

BAIÃO DE DOIS
BAIÃO DE DOIS

rendimento: **6 porções**
tempo de preparo: **3 horas**

makes: **6 portions**
ready in: **3 hours**

ingredientes

- ½ kg de arroz • ½ kg de feijão-de-corda (ou feijão fradinho) • 200 g de carne-seca dessalgada (cortada em cubos pequenos) • 200 g de linguiça defumada (cortada em cubos pequenos) • 100 g de bacon (cortado em cubos pequenos) • 300 g de queijo coalho (picado em cubos pequenos) • 150 ml de manteiga de garrafa • 1 xícara de tomate picado • 1 xícara de pimentões (vermelho, verde e amarelo) picados • 1 xícara de cebola picada • 1 colher (sopa) de alho amassado • Pimenta-do-reino e sal a gosto • Coentro e cebolinha a gosto

ingredients

- ½ kg rice • ½ kg cowpea or black-eyed beans • 200 g desalted jerked beef (cut into small cubes) • 200 g smoked sausage (cut into small cubes) • 100 g bacon (cut into small cubes) • 300 g curd cheese (chopped in small cubes) • 150 ml bottle butter • 1 cup chopped tomato • 1 cup bell peppers (red, green and yellow), chopped • 1 cup chopped onion • 1 tablespoon crushed garlic • Pepper and salt to taste • Cilantro and chives to taste

modo de preparo

1. Coloque o feijão de molho e deixe por duas horas. Escorra a água e coloque para cozinhar até que fique macio. Escorra o caldo e reserve. *2.* Refogue o arroz com óleo, com metade do alho e da cebola. Acrescente água até cobrir, abaixo o fogo e deixe cozinhar em fogo baixo. Quando estiver pronto, mexa bem para que os grãos se soltem. *3.* Em uma panela grande, aqueça a manteiga de garrafa e frite bem o bacon. *4.* Em seguida, acrescente a carne-seca, a linguiça, os pimentões, o restante do alho e da cebola. Deixe refogar. *5.* Acrescente o feijão à mistura e mexe bem. Em seguida, coloque o arroz, o tomate e o queijo coalho. *6.* Acerte o sal e a pimenta-do-reino. *7.* Finalize com coentro e cebolinha.

directions

1. Soak the beans for two hours. Drain the water and cook until it is soft. Drain the stock and set aside. *2.* Sauté the rice with oil, half the garlic and the onion. Cover with water and cook over low heat. When ready, stir well to fluff the grains. *3.* In a large saucepan, fry well the bacon with the butter. *4.* Then add the meat, the sausage, the peppers, the rest of the garlic and the onion. Sauté. *5.* Add the beans to the mixture and stir well. Then, put the rice, the tomato and the curd cheese. *6.* Check the salt and the black pepper. *7.* Finish with cilantro and chives.

Para um baião-de-dois um pouco mais molhadinho, reserve um pouco do caldo de feijão e agregue à mistura. Regar com manteiga de garrafa na hora de servir também garante ao prato um sabor mais marcante

For a baião de dois a little bit juicier, set aside a little of the bean stock and add to the mixture. Basting with bottle butter at the time of serving also ensures a more outstanding flavor for the dish

Onde encontrar
WHERE TO TASTE THE BAHIA CUISINE

Veja abaixo onde encontrar os chefs e restaurantes que participaram desta edição:

See below where to find the chefs and restaurants that took part in this edition:

Na Cozinha (foto)
Chef Carlos Ribeiro
www.nacozinharestaurante.com.br
Rua Haddock Lobo, 955, Jardins
São Paulo/SP

Escondidinho da Amada
Chef Amada Ramos Lima
www.escondidinhodaamada.com.br
Rua Mourato Coelho, 379, Pinheiros
São Paulo/SP

O Mocofava
Chef Anderson de Almeida
www.mocofava.com.br
Rua Ires Leonor, 237, Mandaqui
São Paulo/SP

Nação Nordestina
Chef Maria Joceylma
www.nacaonordestina.com.br
Rua Kaneda, 894, Vila Maria
São Paulo/SP

Rota do Acarajé
Chef Luisa Saliba
www.rotadoacaraje.com.br
Rua Martim Francisco, 529/533, Santa Cecília
São Paulo/SP